Fernwandern mit Kindern

Fernwandern mit Kindern

Praktische Anleitung mit Erfahrungsberichten
vom Traumpfad München–Venedig

Dimitri Simonov
Dr. Nelly Simonov

Bibliografische Information der Deutschen Nationalbibliothek: Die Deutsche Nationalbibliothek verzeichnet diese Publikation in der Deutschen Nationalbibliografie; detaillierte bibliografische Daten sind im Internet über dnb.dnb.de abrufbar.

© 2022 Dimitri Simonov
Herstellung und Verlag: BoD – Books on Demand, Norderstedt
Cover: Dimitri Simonov, Eching
Lektorat: Dr. Barbara Münch-Kienast, Andechs

ISBN: 978-3-7568-5924-5

für Liam und Maya

INHALTSVERZEICHNIS

Von der Idee zum Projekt

Unser Buch ist ein Erfahrungsbericht. Der Erfahrungsbericht einer Familie, die sich das Fernwandern mit Kindern erschlossen hat und es mit anderen teilen möchte. Tagesausflüge oder kindgerechte Wanderungen findet man oft in der Literatur, aber wie wäre es mit einer Route, die über vier Wochen und 550 Kilometer geht? Einer Route, die für Erwachsene ausgelegt ist und mit 22000 Höhenmetern dem Körper und der Psyche einiges abverlangt? Wir haben mit unseren beiden Kindern die Strecke vom Münchner Marienplatz bis zum Markusplatz in Venedig in 30 Tagen am Stück zu Fuß zurückgelegt, dabei viel Spaß und Abenteuer sowie emotionale Tiefen und Höhen erlebt. Da es bereits einige Wanderführer für den „Traumpfad" München–Venedig gibt, fokussieren wir uns mit diesem Bericht auf die praktische Umsetzung. Wir hatten das Internet und Buchhandlungen durchsucht und uns dabei ständig gefragt: Wie aber genau machen die das? Eine Antwort haben wir nicht bekommen und möchten sie gerne mit diesem Buch geben. Wir möchten Familien Mut machen. Und vielleicht Erwachsenen, die sich eine Fernwanderung gewünscht, aber nicht zugetraut haben. An sie stellen wir folgende Frage: Wenn wir es mit Kindern geschafft haben, warum glaubt ihr, wäre das für euch nicht möglich?

Das Buch soll dem interessierten Leser etwas geben, das wir nicht finden konnten: eine praktische Anleitung zum Fernwandern für die ganze Familie mit ehrlichen, ungeschönten Perspektiven – die der Frau, die des Mannes und die der Kinder. Es soll die Realität und die Schwierigkeiten bei einer solchen Unternehmung herausstellen. Wer die Realität akzeptieren kann und bereit ist, sich mit den Herausforderungen auseinanderzusetzen, wird seine Fernwanderung meistern und genießen können. Das ist unsere Erfahrung. So hat es für uns funktioniert.

Mehrere Faktoren führten dazu, dass wir unsere Ideen für eine Fernwanderung konkreter werden ließen und die München-Venedig-Tour schließlich mit beiden Kindern erfolgreich absolviert haben. Woher kam die Idee? Wir waren keine erfahrenen Wanderer und nie über einen Tagesausflug hinaus unterwegs gewesen. Gut, wir sind recht aktiv, trotzdem: Fängt man nicht eher klein an? Mit einer Wanderwoche zum Ausprobieren? Im Nachhinein fügen sich viele Puzzleteilchen zusammen: Dimitris Neigung zum Outdoor, Zeltausflüge mit den Kindern, die „Adventurer of the Year"-Artikel in *National Geographic*. Die Kinder, die von früh an Sportler waren und keinen Wettkampf scheuten. Nellys Auge für die Schönheit der Berge und Landschaften.

Seit 2015 haben wir mit der München-Venedig-Idee geliebäugelt und langsam nahm sie Gestalt an. Sicher gibt es viele andere Strecken, aber über die Alpen zu gehen und am Meer in Venedig anzukommen, klang am reizvollsten. „Irgendwann gehen wir über die Alpen, nur wir zwei. Wenn die Kinder groß sind und selbstständig. Das wäre doch was, oder?" Die Elternseele auf neue Gedanken bringen. Eine Paartherapie für den nächsten Lebensabschnitt? Und dann eines Tages kam unsere damals zwölfjährige Tochter Maya: „Das macht ihr wohl nicht ohne uns! Oder heißt das, ihr plant den coolsten Urlaub aller Zeiten und wollt uns nicht mitnehmen? Ich mein, das ist echt gemein, das Gemeinste, was Eltern tun können!" Sie setzte uns argumentativ so lange zu, bis unsere Überlegungen darauf gelenkt waren, es doch mit den Kindern zu versuchen. Liam dagegen war recht zurückhaltend, mit seinen damals acht Jahren war das, was wir vorhatten, für ihn eher abstrakt. Aber eigentlich war es für uns alle abstrakt. 2016 dann wurde es konkret, wir haben uns so lange mit dem Thema gedanklich auseinandergesetzt, bis wir überzeugt waren, dass es eine Superchance wäre, für die ganze Familie etwas zu tun, wovon wir noch jahrelang zehren könnten. Etwas Gemeinsames. Etwas, das uns in die Liga der coolen Leute aufsteigen lässt. Liams Beine werden mit zehn wohl lang genug sein, Maya ist sowieso durchtrainiert und wir Eltern sind noch nicht so alt, das packen wir schon. Fünf Wochen Urlaub wurden ein Jahr im Voraus genehmigt und den Start legten wir auf den 29. Juli 2017.

Eine Frage der Motivation

Dimitri: Es ist der Reiz der Herausforderung, der mich angetrieben hat. Das Gefühl, eine lange Strecke aus eigener Muskelkraft, mit einem Minimum an Gepäck mit der Familie gehen zu können, ist für mich ein Gefühl der Freiheit und Selbstbestimmtheit. Freiheit von dem täglichen Diktat des modernen Lebens. Reduzierung auf das Wesentliche. Das Gefühl, sich für sieben, acht … zehn Stunden täglich wandernd auf den eigenen Körper zu verlassen. Es hat mich infiziert. Ich musste sehr geduldig warten – auf den richtigen Zeitpunkt, auf eine Zustimmung der Familie –, bis das ganze Vorhaben genügend ausgereift war, um es in die Tat umzusetzen. Mir war wohl bewusst, dass diese Herausforderung vielschichtig ist … körperliche Fitness, Ausrüstung, die Motivation jedes Einzelnen und das Wichtigste, Verantwortung über die Sicherheit der Kinder und sich selbst. Jeder musste auf dieser Reise etwas für sich finden, sonst würde es vermutlich nicht funktionieren. Die Motivation und die positive Einstellung müssen die Sorgen und Ängste überwiegen.

Nelly: *Ich habe eigentlich nichts erwartet, weil die Vorbereitung so intensiv war. Die Vorfreude war mit dem Festlegen des Starttermins irgendwie verflogen und Sorgen begannen ihren Platz einzunehmen. Auch Erwartungen hatte ich keine mehr, da ich absolut keine Vorstellung vom dem hatte, was da auf uns zukam. So etwas hatten wir noch nie gemacht, nicht in dieser Form, und deswegen hatte mein Kopf auch keine Vorstellung von etwas, aus dem Erwartungen gebildet werden konnten. Natürlich hoffte ich, dass alles gut geht, und dafür haben wir mit Dimitri viel Zeit investiert: Erfahrungsberichte gelesen, geeignete Ausrüstung gesucht und verglichen, unsere Abwesenheit zu Hause organisiert.*

Ängste haben mich eigentlich täglich begleitet oder waren es bloß Sorgen? Immer wieder habe ich mich gefragt, ob es die richtige Entscheidung war, die Kinder mitzunehmen. Die Angst bezog sich auf unsere Verantwortung für ihr Wohlergehen. Ich konnte mir die Frage nicht beantworten, denn ich wusste ja nicht schon vorher, was richtig ist. Aber ich wusste, dass ich es machen und die Kinder unbedingt dabeihaben will. Schon häufig in meinem Leben habe ich mich auf mein Bauchgefühl verlassen, in Situationen, wo das Rationale versagt und mein Kopf nicht mehr weiterweiß, hat das immer zuverlässig geklappt. Ich hatte kein seltsames Gefühl und verspürte in mir keinen Widerstand, also habe ich mich darauf eingelassen und versucht, meinen Sorgen eine rationale Unterstützung in Form von optimaler Vorbereitung zu geben. Dazu muss ich sagen, dass die Vorbereitung eigentlich Dimitri übernommen hat. Und da ich gesehen habe, wie akribisch und verantwortungsbewusst er die Sache anpackt und wie viel Zeit er investiert, bestand meine Vorbereitung nur darin, seine Erkenntnisse anzuhören und mein Okay oder „Keine Ahnung" abzugeben.

Maya: Es fing damit an, dass ich gehört habe, wie Mama und Papa von „ihrem" großen Plan redeten. Ich war richtig empört, als sie mir erklärten, dass ich und Liam nicht mitkommen würden. Ich habe mir damals sogar überlegt, wie ich es zur Not schaffen könnte, trotzdem mitzukommen. Mein Masterplan klang so: Ich folge ihnen einfach heimlich und wenn sie mich dann irgendwann sehen, können sie mich nicht mehr zurückschicken. Natürlich habe ich ihnen nichts davon erzählt, das war ja geheim. Bis dahin habe ich versucht, sie zu überreden (ich bin ein sehr guter Überreder :). Für alle Kinder unter euch: Ihr müsst einfach eure Eltern mit Vorteilen und schönen Situationen, die eintreten könnten, überhäufen (hier bietet sich zum Beispiel ganz toll die Stärkung der Familiengemeinschaft an) und nebenbei ganz viel Verständnis zeigen – nie die Hoffnung aufgeben! :) Nach einer Weile habe ich dann gemerkt, dass der Gedanke, es zusammen zu machen, für alle immer weniger abwegig erschien. So weit, bis wir irgendwann tatsächlich angefangen haben zu überlegen, in welchem Jahr unser Abenteuer stattfinden soll. Ab dem Zeitpunkt stand für mich fest, dass wir es machen (ich glaub für alle anderen auch, obwohl es keiner zugeben wollte. Es hieß zu dem Zeitpunkt noch, das seien „nur Zukunftsspinnereien").

Es gab mehrere Gründe, wieso ich unbedingt mitwollte: Einer war, dass ich mir vorgestellt hab, wie braun gebrannt, gesund und sportlich man nach diesen vier Wochen aussehen müsste :) (meine Erwartungen wurden in diesem Punkt nicht so ganz erfüllt, wenn das also das Einzige ist, was euch interessiert, dann würde ich eher ein All-inclusive-Hotel mit Fitnessprogramm auf Mallorca empfehlen). Noch ein Grund war für mich, dass ich die Berge und alles, was mit Natur zu tun hat, liebe und ich mich schon immer sehr dafür interessiert hab. Für alle Naturfreunde und gerade für die Nicht-Natur-Freunde, die eine Erinnerung brauchen, wie schön die Welt ist, kann ich nur von Herzen empfehlen, es zu machen. Komm vom Sofa hoch und fang an zu planen (Ja, jetzt. Ich warte.).

Ich habe mir nie große Gedanken oder Sorgen über die lange Reise gemacht. Ich glaube, das Sorgenmachen ist eher so ein Mama-Ding. Meine einzige Sorge war, dass jemand von uns stirbt, weil er den Berg runterpurzelt. Bei Liam und mir habe ich mir ehrlich gesagt gar keine Gedanken darüber gemacht, ob wir es schaffen. Ich habe auch kein extra Training gemacht und darauf vertraut, dass es mit meiner Faulheitsmethode (die ich grundsätzlich immer anwende und die mich noch nie enttäuscht hat! Ein Hoch auf die Faulheit!) funktioniert. Bei Mama und Papa könnte noch am ehesten was passieren, dachte ich. Sie waren nach den Probewanderungen immer müder als wir. Aber ich habe nicht ernsthaft daran gezweifelt, dass sie es schaffen. Ich bin im Nachhinein ganz dankbar, dass nicht alle diese doch große Sache so locker nahmen wie ich:). Wer weiß, ob es dann geklappt hätte? Das Sorgenmachen hat nämlich auch eine praktische und wichtige Seite.

Liam: Ich dachte, das wäre eine Schnapsidee. Ich dachte, diese Phase geht mal zu Ende, und dann ist gut. Die Idee, nach Venedig zu marschieren, ließ mich kalt. Obwohl wir trainiert haben, habe ich nicht wirklich geglaubt, dass wir die Tour machen. Ich war eher pessimistisch, es sind 550 Kilometer und wir sind bis dahin höchstens mal 20 Kilometer gewandert, das schien unwirklich. Als wir dann Ausrüstung kauften und die Route schon feststand, dachte ich, okay, wir versuchen es tatsächlich. Dann dachte ich, nach den ersten drei oder vier Tagen brechen wir wieder ab.

Wie fängt man an?

Dimitri: Ich war meistens die treibende Kraft hinter den Vorbereitungen. Ich hatte sehr viel Respekt vor der Tour und der Aufgabe, zu viert mit zwei Kindern vier bis fünf Wochen lang durch die Gegend zu marschieren. Es wird wohl auch nur einen Anlauf geben, sollte es nicht funktionieren, ist fraglich, ob wir uns noch einmal dazu aufraffen können. Mir war bewusst, dass die Tour einen eigenen, ungeplanten Verlauf nehmen kann. Ich wollte jedoch so gut wie möglich vorbereitet sein. Mein Ziel war, in Venedig ohne Verletzungen anzukommen und die Strecke zu genießen. Meine größte Sorge war, dass wir nach drei oder vier Tagen erschöpft mit Blasen an den Füßen oder sonstigen Beschwerden aufgeben müssen oder eine Krise erleben, die uns für den Rest des Weges demotivieren könnte. Also machte ich mich ans Werk, so akribisch wie möglich Vorbereitungen zu treffen. Für mich ergaben sich folgende Schwerpunkte: physische Ausdauer, Ausrüstung und Routenplanung. Bei der Ausdauer fokussierte ich mich auf eine Formel: Wenn man an einem Tag 30 Kilometer wandert und am nächsten Tag ohne nennenswerte Probleme wieder, ist man bestens vorbereitet. Ich habe einen Sechs-Monate-Plan aufgestellt, der eine Tagestour pro Woche vorsah. Monat für Monat sollten wir uns steigern, bis wir die besagten zweimal 30 Kilometer schafften.

Über die Ausrüstung wusste ich nur, dass sie möglichst leicht sein sollte. Etwas später kam die Erkenntnis, dass wir von 30 bis unter null Grad alles abdecken müssen. Ich habe zehn Prozent des eigenen Körpergewichts als Idealmaß für das Gepäck angenommen. Das klang recht utopisch, ich wog damals 70 Kilo und in meinem Fall wären das sieben Kilo Gepäck, aber ich dachte, je näher wir drankommen desto besser. Ich konnte am Anfang nicht im Geringsten ahnen, wie viel Recherche und Einkäufe das bedeuten würde und wie wenig Brauchbares wir besaßen!

Die Routenplanung war ein sehr umfangreiches Thema, als Vorlage haben wir den Wanderführer von Rother genommen. Ein Ziel der Routenplanung war die Entschärfung der schwierigen Stellen. Im Wesentlichen waren es vier Tagesetappen, die wir geändert haben. Die Einschätzung, welche Etappen nun schwierig werden und welche nicht, hat sich im Laufe der Monate geändert. Sogar noch zwei

Wochen vor Start haben wir beschlossen, die ersten beiden Flachetappen auf drei Tage zu verteilen, denn plötzlich wurde uns klar, dass sie zu hart und zu viel für uns sein würden. Diese Entscheidung war goldrichtig, wir hätten die Strecke in zwei Tagen eindeutig nicht geschafft.

Die Buchung der Unterkünfte hat sich als eine wahre Herausforderung entpuppt. Die komplette Tour durchbuchen wollte ich auf keinen Fall, ich war mir sicher, ein verregneter Tag, irgendetwas, das uns dazwischenkommt, und diese lange Buchungskette würde reißen. Zu spät, einen Monat vorher, habe ich angefangen, die Unterkünfte für die ersten sieben Tage zu buchen, und schnell festgestellt, dass viele bereits ausgebucht waren. So mussten wir die Route teilweise anpassen, um Unterkünfte etwas abseits zu erreichen. Aber genau diese „Abseitsunterkünfte" bescherten uns ein paar schöne Überraschungen und Begegnungen, die wir nicht missen wollen. Im Laufe der Tour habe ich versucht, immer sieben Tage an Buchungen als Puffer vor uns herzuschieben, war jedoch nicht konsequent genug und verließ mich zu sehr auf unser Glück, was dazu führte, dass wir nach dem Überschreiten der italienischen Grenze plötzlich nicht mehr wussten, wo wir die nächste Nacht verbringen sollten. Diese eine Tagesetappe konnten wir nicht antreten. Daraufhin folgte eine mehrstündige und mühevolle Such- und Telefonieorgie, um den Buchungspuffer wieder aufzubauen. Das ist uns nicht noch mal passiert.

Eine der großen Herausforderungen bei der Vorbereitung lag darin, dass all diese Aktivitäten mit dem normalen Alltag in Konkurrenz standen. Unser Familienkalender ist prall gefüllt. Arbeit, Schule, Sport, Musikschule, Einkaufen, Haushalt, familiäre und andere Verpflichtungen waren ja auch noch da. Mein Jahresurlaub war komplett für die Tour reserviert, also blieben uns nur noch die Wochenenden.

Im Laufe der Vorbereitung wurde mir immer bewusster, was es bedeutet, in einer Gruppe unterwegs zu sein. Vier unterschiedliche Menschen – und ich sage bewusst nicht Kinder oder Erwachsene, denn ab einem gewissen Moment waren wir alle „Wandersleute", also vier Menschen mit eigenen Stärken und Schwächen, Bedürfnissen und Emotionen, Ängsten und Vorstellungen. An der Stelle kann ich vorgreifend sagen, dass der Schlüssel zum Erfolg genau hier vergraben lag: Jeder musste seine Bedürfnisse so gut es ging einschränken und gleichzeitig mussten die Bedürfnisse des Einzelnen von den anderen respektiert werden.

Nelly: *Diese Tour heißt Traumpfad und ich war mir sicher, dass sie nicht umsonst so genannt wird. Im Internet habe ich nach Bildern gesucht und wunderschöne Panoramen und Landschaften gefunden. Davon wollte ich mehr sehen, aber durch meine eigenen Augen … Ich stellte mir vor, wie sauber die Luft da oben ist, fernab von Städten und Autobahnen. Eine Wohltat für die Seele, für Augen, Lunge und Muskeln.*

Ich war mir sicher, dass wir es schaffen. Und wenn nicht, dann kehren wir halt um. Niemand zwingt uns, wir sind frei genug, einen Bus oder Zug zu nehmen, falls die Füße uns nicht mehr weitertragen. Wir wollten niemandem was beweisen, wir haben niemandem was versprochen. Eben diese Gedanken und die Vorfreude auf die vielseitigen Landschaften, Begegnungen und vor allem auf die Weitsicht (buchstäblich), die wir so in unserem Alltag nicht haben können, bedeuteten für mich ein Freiheitsgefühl, das ich unbedingt mit meinen Liebsten teilen wollte.

Gereizt hat mich auch, meinen Körper der täglichen Belastung auszusetzen, und zwar mehrere Wochen lang. Diese Form der Dauerbelastung kannten mein Kopf und mein Körper bis dato noch nicht.

Ich war neugierig zu erfahren, wie mein Körper darauf reagiert und ob ich nach der Tour anders aussehe.

Und die Kinder machen das mit?

„Und die Kinder machen das mit?" Das ist die mit Abstand häufigste Frage, die uns gestellt wurde und immer noch wird, sobald sich das Gespräch zum Thema Wandern wendet. Der Impuls, mit „ja klar, die haben ja keine Wahl" zu antworten, wird schnell unterdrückt, denn so einfach ist es nun auch wieder nicht. Oder doch? Womit hängt es eigentlich zusammen, dass unsere Kinder das „mitmachen"? Wandern ist für die meisten Kinder und teilweise auch für Jugendliche zunächst einmal völlig sinnfrei.

Viele Wanderungen, die man unternimmt, fangen beim Auto-parkplatz an und enden am selben Parkplatz. Bitte, versetzt euch mal in die Lage eines Sechsjährigen: Man sitzt eine Stunde im Auto. Steigt aus. Marschiert zwei Stunden lang um den See. Steigt wieder ein und fährt nach Hause. Evolutionstechnisch reine Energieverschwendung! Und so betrachtet kein Wunder, dass die meisten Kinder sich dagegen zu wehren versuchen. Und bitte, das Gerede von der Schönheit der Landschaft und Bewegung an der frischen Luft zieht bei Kindern einfach nicht. Was tun?

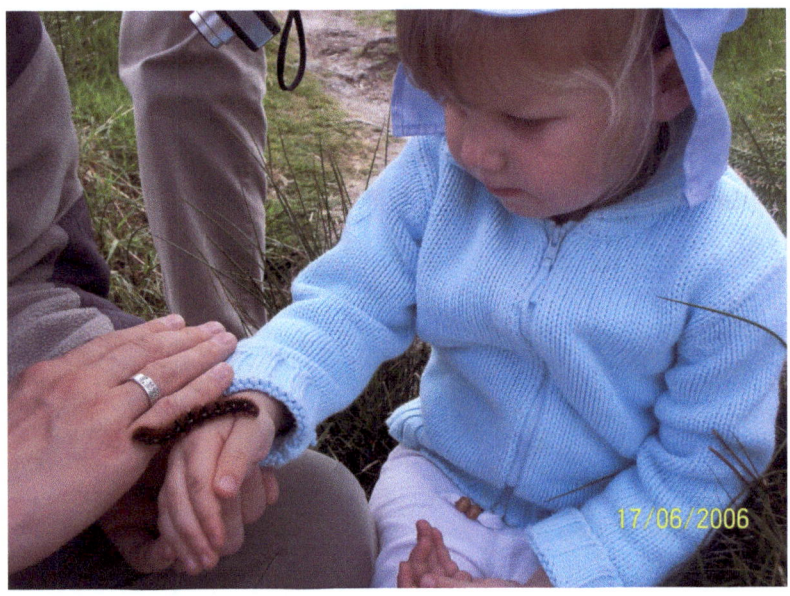

Ein Sinn ergibt sich erst, wenn man für die eingesetzte Energie etwas bekommt, eine Belohnung. Das kann durchaus eine Kugel Eis sein. Damit ersetzt man zumindest die Kalorien, die man verbraucht. Ein Kind mit Süßigkeiten zum Wandern zu bewegen, ist jedoch eine eher unvorteilhafte Verknüpfung. Denn die Belohnung besteht ja eigentlich in der Wanderung selbst. Und die kann man Kindern sehr wohl schmackhaft machen.

Erstens, lasst Kinder Abkürzungen nehmen, über Bäche hüpfen, Steine und Stöcke werfen, den Berg runterlaufen, auf

Bäume klettern und Raupen anfassen. Eine Grenze ist erst dann zu ziehen, wenn das Kind sich ernsthaft verletzen könnte. Mit Betonung auf ernsthaft, kleine Schrammen sind kein Problem.

Zweitens, betrachtet die Wanderung und die Umgebung als einen fantasievollen Spielraum. Alle Kinder leben in einer eigenen, konstruierten Wirklichkeit. Mit unsichtbaren Gefährten, mit Helden und Abenteuern, mit Gegenständen, die sich verwandeln und sprechen können. Wir haben Geschichten aus Herr der Ringe, Harry Potter und anderen Büchern während des Wanderns eingebaut. Mit unzähligen Diskussionen über Elben, Trolle, Orks und Hobbits brachten wir viele Kilometer hinter uns. Über den Wandertag verteilt ergaben sich dann aber auch lange Phasen, bei denen die Kinder ohne diese Unterhaltung fleißig vor sich hin marschierten.

So hat Liam die „Muscheltiere" erfunden. Fabelwesen, die es in seiner Fantasie nur in Kroatien gibt. Über viele Wanderungen hinweg malte er die Verhaltensweise und Eigenarten von diesen Wesen aus, befeuert von unseren interessierten Fragen. Noch Wochen und Monate später wurde fleißig analysiert, wie diese fabelhaften Tiere wohl leben und was sie so den ganzen Tag tun.

Jedoch mussten wir, ganz klassisch, auch einiges Gemotze ertragen und da kommen wir zu dem Punkt mit dem „die hatten ja keine Wahl". Wir haben unseren Kindern einiges zugemutet und hatten schon mal Situationen, wo wir für den ersten Kilometer über eine Stunde brauchten, um dann weitere zehn in bester Laune zu wandern, wobei unser Sohn die letzten zwei davon im Hüpfgang zurücklegte und wir kaum hinterherkamen. Es mag sich ein wenig wie Zwang anhören, aber ist es nicht normal, dass man Kinder zu etwas zwingt oder mit Tricks und Geduld motiviert, wenn man glaubt, die schaffen das schon und es tut ihnen und der Familie am Ende gut? Pünktlich ins Bett, Hausaufgaben machen, hinter sich aufräumen – und auch mal für einen Tag in der Natur unterwegs sein. Wo verbringen Kinder die meiste Zeit? Zu Hause, im Kindergarten, in der Schule, auf dem Spielplatz. Und womit verbringen sie ihre Zeit? Mit Legos, Brettspielen, Puppen, Autos, Freunden, Schaukel, Fernsehen, Hörspielen, Büchern, Playstation, Internet, Handy. Da kennen sie sich aus, sie haben von den Eltern und anderen Kindern gelernt, was man tun kann und was Spaß macht. Kinder sind in der Lage, eine ganze Fantasiewelt, um jede Kleinigkeit zu erschaffen, wenn es um das Lieblingslego oder die Lieblingspuppe geht. In der Natur auf einer Wanderung braucht es einfach Zeit und Vorbilder, um etwas Interessantes daraus zu machen. Kinder sind durchaus in der Lage, ihre Fantasie auf Bäume, Blätter, Steine und Geräusche loszulassen, wenn sie die Möglichkeit und Anleitung bekommen. Stoisch dahinstampfende und über Arbeit sprechende Eltern können dabei allerdings unerträglich sein.

Was spielt sonst noch bei der Motivation eine Rolle? Es hilft, wenn Kinder Sport treiben und Situationen kennen, in denen sie körperlich und emotional gefordert sind. Und es hilft, wenn die Eltern entspannt sind und mit Humor an die Sache herangehen.

Bei unserer Fernwanderung war die Sache mit der Motivation ganz klar, es gab absolut keine Fragen oder Diskussionen. Wir wandern nach Venedig und damit basta. Beide Kinder waren meistens gut gelaunt und motiviert, täglich eine neue Etappe in Angriff zu nehmen. Außerdem gewöhnten sie sich schnell an den Tagesrhythmus und wie es unsere Tochter nicht treffender hätte beschreiben können: „Die Wanderung ist zu meinem Leben geworden."

Tourenplanung und Logistik

Bloggen, fotografieren oder beides?

Bei der Tourenplanung hatten wir auch an Fotografieren und Blogschreiben gedacht. Wir hatten überlegt, was uns wichtig ist. Sind Abkürzungen erlaubt? Können wir auch mal mit Bahn oder Bus fahren, falls der Weg zu schwierig ist oder das Wetter schlecht wird? Zunächst einigten wir uns darauf, dass wir zwar die komplette Strecke zu Fuß gehen, uns jedoch nicht zu sehr darauf versteifen und wenn es die Situation erfordert, auch mal den Bus nehmen. Zum Fotografieren haben wir uns eine leichte Systemkamera angeschafft – übrigens eine sehr gute Investition! Unsere alte Kamera hatte leider keinen Sucher und an sonnigen Tagen war auf dem LED-Display praktisch nichts zu sehen.

Im Grunde könnte man aber auch auf die Kamera verzichten und nur das Smartphone verwenden, mittlerweile sind die Smartphone-Kameras mit zwei, drei oder sogar vier Objektiven wirklich gut geworden. Wir wollten viele und gute Bilder machen und haben aus allen Geräten drauflosgeknipst, wobei die

Systemkamera uns die besten Fotos beschert hat. Nach der Tour haben wir diverse Fotobücher und -kalender drucken lassen als schöne Erinnerung für uns selbst und als Geschenk für die Großeltern. Unser Vorhaben, einen Blog zu schreiben, gaben wir noch vor der Tour auf, da es doch eine technische Herausforderung ist und uns zu sehr abgelenkt hätte.

Den Rhythmus finden

Während der Wanderung haben wir dann feststellen müssen, dass das Fotografieren oft nervenaufreibend für die Gruppe war. Um das zu erklären, nehmen wir mal den Ablauf eines typischen Wandertags als Beispiel. Morgens heißt es frühstücken und packen, man möchte möglichst schnell aufbrechen, denn der Weg ist lang und am Nachmittag sind oft Gewitter im Anmarsch. Wenn sich dann einer mit der Kamera auf die Jagd macht, kommt es schnell zu genervten Kommentaren. Während der Wanderung ist es ratsam, einen gemeinsamen Rhythmus zu finden, häufiges Stehenbleiben und wieder Losgehen kostet einfach mehr Kraft als stetige Bewegung. Bei steilen Anstiegen wird es noch mühsamer. Das Stop and Go wird dann zu einem Intervalltraining, da die Herzfrequenz bei jeder Pause runter- und dann wieder hochfährt. Derjenige, der plötzlich stehen bleibt, um ein paar Fotos zu schießen, zwingt die anderen automatisch zu warten. Einfach weitergehen ist nicht möglich, sehr schnell ist man mehrere Hundert Meter voraus und sieht den Fotografierenden nicht mehr. Als Gruppe wollten wir aber im Gebirge zusammenbleiben.

Mit jeder Wiederholung dieser Situation wird man gereizter. Um dem vorzubeugen und einen guten Kompromiss zwischen Vorankommen und schönen Fotos zu schließen, haben wir folgenden Gehrhythmus eingeführt: 90 Minuten ohne Unterbrechungen gehen, dann 15 Minuten Pause. Auch wenn wir uns fit fühlten und weiterlaufen wollten, stoppten wir für die kurze

Pause. Das hatte neben der Möglichkeit zu fotografieren auch einen weiteren Vorteil: Der Tag war in „handliche" Abschnitte gegliedert, was bei der Beurteilung „wie lange noch?" sehr nützlich ist. Eine 20-Kilometer-Wanderung war so in vier mal 90 Minuten unterteilt. 30 Kilometer wurden zu sechs mal 90 Minuten. Die Mittagspause war etwas länger. Wir stellten fest, dass durch diese vorgeschriebenen Pausen unsere Leistungsfähigkeit über den Tag konstanter gehalten werden konnte.

Beim Wandern navigieren

Der Wanderführer von Rother enthält eine sehr genaue Beschreibung der Route, unterstützt von Karten im Maßstab 1:75000, was für die meisten Abschnitte ausreichend ist. In der Praxis haben sich die langen Textpassagen jedoch als etwas unbequem erwiesen. Da verpasst man doch die eine oder andere Abzweigung oder wird durch ständiges Nachlesen langsamer, was der Gruppe immer wieder kurze Stopps und Wartepausen beschert. Trotzdem ist ein Wanderführer mit zahlreichen Infos sehr nützlich.

GPS, Wanderkarte oder Schilder?

In den Alpen folgt man schätzungsweise 80 Prozent der Zeit den Beschilderungen, für die restlichen 20 Prozent braucht man definitiv gute Karten oder GPS-Navigation.

Da Karten schwer und unpraktisch sind, habe ich mich auf die GPS-Navigation verlassen. Die Standardroute gibt es zum Runterladen beim Kauf eines Rother-Wanderführers. Für jede Tagesetappe kann eine gpx-Datei in ein GPS-Gerät importiert werden, die die gewünschte Route enthält und sich über die entsprechende topografische Karte des Gebiets legt – und schon hat man eine bequeme Anzeige zum Navigieren. Ich habe mir ein Garmin Oregon 450t gekauft und zusammen mit meinem Samsung Galaxy S4 mini getestet. Auf dem Samsung kam die Locus Map App in der kostenlosen Version zum Einsatz.

Smartphone oder Navigationsgerät?

Das Oregon zu benutzen hätte bedeutet, ein zusätzliches Akkuladegerät oder einen Vorrat an AA-Batterien mitzuschleppen. Also habe ich mich für das Smartphone entschieden. Seine GPS-Genauigkeit war für diese Tour ausreichend, der Bildschirm größer und der Power-Akku reichte für fast zwei Tage, wenn ich nur das GPS laufen ließ. Ich war mit dieser Lösung sehr zufrieden. Da wir zwei Smartphones mithatten, habe ich die gleiche App auf beiden installiert und die GPS-Tracks importiert. So hatten wir einen Ersatz für alle Eventualitäten. Um Smartphones und Kamera zu laden, verwendeten wir ein USB-Schnellladegerät mit drei Ausgängen. Auf den Hütten gibt es manchmal nicht genügend Steckdosen und es kommt schon mal zu „Ladestaus". Wenn man dazu auch noch wenig Zeit hat, weil man gern aufbrechen möchte, ist es schon ein Faktor, wie lange man fürs Laden braucht. Mit drei USB-Ausgängen konnten wir problemlos auch eine besetzte Steckdose für uns beanspruchen, indem wir das fremde Gerät und unsere Smartphones an den Adapter steckten.

Aus Kostengründen entschieden wir uns für die kostenlose OpenStreetMap. Die Alpenregion, die auch München und Venedig mit einschließt, gibt es als 1,8-GB-Datei im Internet zum Runterladen. Diese Datei habe ich in die Locus Map App importiert. Zwar ist OpenStreetMap weniger genau als die kostenpflichtigen Garmin-Topo-Karten, aber auf der Tour hatten wir kaum Probleme damit, wir verließen uns einfach auf die Beschilderung und die angezeigte Linie des GPS-Tracks.

Aus Sicherheitsgründen änderten wir die München-Venedig-Route aus dem Rother-Wanderführer an schwierigen Stellen ab. Dadurch waren wir auch weniger wetterabhängig, denn manche Passagen sind nur bei guten Wetterverhältnissen begehbar. Dazu mehr in der Beschreibung unserer Route im Anhang. Für die Umgehungen erstellten wir einen eigenen GPS-Track mithilfe von outdooractive.com. So habe ich die Etappe von der Falkenhütte bis nach Schwaz zu Hause am Computer geplant und den GPS-Track erstellt. Wie wir die Strecke dann in der Realität erlebt haben, verdeutlicht die folgende Beschreibung:

Dimitri: Die Abendsonne war wunderschön. Wolken und Bergspitzen änderten von Minute zu Minute ihre Farbe und man konnte nicht aufhören, auf den Auslöser zu drücken, um diese Momente festzuhalten. Auf der einen Seite baute sich das Karwendel wie eine gigantische, fast unwirkliche Wand auf. Wir saßen draußen in den Liegestühlen auf einem Hügel und ich betrachtete die dünne Linie des Pfades, der von der Falkenhütte nach Osten führt und sich in der Ferne hinter dem nächsten Hügel verliert. Diesen Pfad werden wir morgen nehmen, um am Ende des Tages ins Tal nach Schwaz abzusteigen.

Die Etappe war mit 26 Kilometern recht lang und mit 1000 Höhenmetern auf und 2500 Höhenmetern ab nicht ohne, dafür aber würden wir das Karwendelgebirge umgehen. So hatte ich es mir zu Hause überlegt, als ich die Karten studierte und die Etappe plante. Ich kombinierte: An der Falkenhütte sind wir schon seit zehn Tagen unterwegs und bestimmt viel fitter als am Anfang der Tour. Die Strecke auf zwei Tage zu verteilen, schien mir unnötig, auch wenn der Tag ziemlich lang sein würde. Dafür kam die Belohnung im Tal mit einem richtigen Hotel – und richtigen Betten!

Die Abendsonne versank inzwischen hinter den Bergen, es wurde merklich kühler und wir machten uns ins Matratzenlager auf. Die Hütte war sehr voll und wir haben nur drei Matratzen in dem 30-Personen-Lager bekommen. Es war ziemlich eng, unsere Kinder waren schließlich keine Kleinkinder mehr. Die drei Matratzen waren zumindest in einer Nische von den anderen Wanderern rechts und links abgegrenzt, was das Gefühl von ein wenig Privatsphäre vermittelte. Die Nacht war unruhig. Ich konnte nur wenige Stunden schlafen und bin immer wieder aufgewacht. Entweder weil Maya sich breitmachte, ich mich umständlich umdrehen musste oder meine Ohrenstöpsel herausfielen und ich das Schnarchkonzert in voller Lautstärke mitbekam. Nelly, die von Natur aus mit einem leichten Schlaf vor allem in fremder Umgebung ausgestattet ist, schlief überhaupt nicht und döste nur vor sich hin. Liam ging es noch am besten – er schlief wie ein Stein. Maya beschwerte sich später, dass es ihr zu eng war, ansonsten hat sie das notwendige Minimum an Erholung der Nacht abgetrotzt. Der Schlafmangel legte den Grundstein für den weiteren Tagesverlauf, aber zunächst machten wir uns ans Frühstück und packten unsere Sachen. Recht spät, so gegen 9.30 Uhr, sind wir dann bei bestem Wetter losmarschiert.

Nach anfänglichen Startschwierigkeiten, wo es darum ging, dass Maya nicht mit Sandalen den Fuß eines Geröllfeldes passieren sollte, kamen wir in unseren 90-Minuten-Rhythmus und schafften es zwar etwas schleppend, aber sonst ganz munter bis zur Eng Alm.

Dort gab es dann die ersten Übermüdungserscheinungen, die wir durch ein frühes Mittagessen zu bekämpfen versuchten. Nach der Pause ging es weiter, hoch und hoch in einem scheinbar endlosen Anstieg. Ich merkte deutlich, dass die Kraft und Spritzigkeit vollends aus den Beinen gewichen waren. Ich stellte mich auf ein sehr langsames und stetiges Schritt-für-Schritt ein und kraxelte den Weg hoch. Hauptsache, nicht stehen bleiben. Nelly kämpfte ihren eigenen Kampf und auch die Kinder waren mit Trägheit infiziert. Das Wetter wurde ungemütlicher und gegen Spätnachmittag erreichten wir völlig erschöpft die Lamsenjochhütte.

Es hatte leicht zu regnen angefangen, in der Hütte sprachen alle von einem sich zusammenbrauenden Gewitter und draußen war es durch dunkle Wolken und Nebel bedrohlich geworden. Eine Entscheidung musste getroffen werden: weitergehen oder bleiben? Die Lamsenjochhütte war sehr voll, viele sind wetterbedingt spontan geblieben und wir würden nur ein Notlager bekommen, wenn nicht sogar irgendwo auf der Bank schlafen müssen. Unten im Tal wartete ein schönes Hotelzimmer auf uns. Die Versuchung weiterzugehen war groß, aber ein Gewitter in den Bergen ist gefährlich und wir würden ein Risiko eingehen. Es waren noch mindestens vier bis fünf Stunden Abstieg und wir waren ziemlich erschöpft, die schlaflose Nacht steckte uns noch in den Knochen. Wir setzten uns in die Wirtschaft, bestellten etwas zu essen und diskutierten unsere Optionen. Zwischendurch lief ich immer wieder nach draußen, wo ich tatsächlich einen schwächelnden Internet-Empfang ausfindig machte, und inspizierte die Vorhersage auf meiner Wolkenradar-App, bemüht zu erraten, wie sich die Lage entwickelt. Nach einem netten Plausch mit anderen Wanderern und einem Apfelstrudel entschieden wir uns für das Weitergehen.

Die Entscheidung wurde einstimmig gefällt, alle haben sich dafür ausgesprochen. Das war wichtig. Ich bin eher ein Optimist und vertraue darauf, dass es schon irgendwie gutgeht. Die Kinder sind bei ihren Entscheidungen recht draufgängerisch, wobei Liam auch eine zurückhaltende Position einnehmen kann, wenn es sich für ihn nicht gut anfühlt. Nelly ist sehr vorsichtig und entscheidet oft nach Gefühl. Wenn nur einer von uns Nein gesagt hätte, wären wir geblieben. Diesen Prozess der gemeinsamen Entscheidungsfindung finde ich im Nachhinein höchst spannend, denn er verhält sich ganz anderes als zu Hause, wo man Entscheidungen korrigieren oder rückgängig machen kann. Auf einer Wanderung dieser Art kann man nicht eben zurückfahren oder irgendwo ins Gebäude flüchten. Es gibt keine Tankstelle und keinen Arzt in der Nähe. Wir entschieden uns, auf einer Strecke zu gehen, die wir nicht kannten, und mussten entsprechend mit den möglichen Konsequenzen umgehen. Mein Wolkenradar zeigte kein ganz düsteres Bild und ich schätzte, dass das Gewitter noch anderthalb bis zwei Stunden auf sich warten ließ. Der Wirt bestätigte uns, dass der Weg an sich leicht wäre und immer geradeaus verliefe. Nach etwa zwei Stunden kämen wir an ein paar Gebäuden vorbei, wo wir zur Not einen Unterstand hätten, falls das Wetter doch noch umschlagen sollte.

Wir spurteten los und wurden gleich von einer Gruppe Gämsen begrüßt. Weiter ging es in zügigem Tempo und mit dem Gewitter im Nacken. Nach gut zwei Stunden Marsch kam das Gewitter näher und wir suchten den vorgemerkten Unterstand auf, um abzuwarten. Es hat uns zwei Stunden gekostet, um festzustellen, dass es zwar permanent im Hintergrund grollte, jedoch das Tal, in dem wir uns befanden, mied. Weiter ging es, wir liefen zwar auf Reserve, wurden jedoch von der zunehmenden Dunkelheit angetrieben, unser Aufenthalt hatte uns viel Tageszeit gekostet.

Auf den letzten Kilometern vor Schwaz wurde es dann immer spannender, ich musste mich voll auf das Navigieren konzentrieren, da es viele Abzweigungen gab. Ich hatte keine Muße und Nerven, meine Truppe über die Strecke zu informieren, es hieß nur „keine Zeit, folgt mir einfach". Ich kann mir vorstellen, dass es für Nelly, Maya und Liam frustrierend war, blind hinterherzulaufen, ohne einen Anhaltspunkt über die verbleibende Dauer zu haben. Im Halbdunkel ging es über abenteuerliche Wege durch Wald und Wiesen, dann, endlich, die ersten Straßen. Nelly hatte zu diesem Zeitpunkt mit starkem Fußbrennen zu kämpfen. Die Kinder waren erstaunlicherweise noch gut drauf. Wir haben nach einem Transportmittel Ausschau gehalten, um uns die letzten Kilometer zu ersparen, mussten jedoch bis zum Bahnhof weiterlaufen. Dann der Zug nach Wattens und ein Taxi für die letzten zwei Kilometer zum Hotel. Das war auch bitter nötig.

Nelly: *Das war einer der anstrengenden Abschnitte. Auf der Strecke habe ich zum ersten Mal erfahren, wie sich ein „Fußbrand" anfühlt. Die letzten Kilometer waren für meine Fußsohlen so schmerzhaft, dass ich es mir nicht vorstellen konnte, am nächsten Tag auftreten zu können. Ich habe sie in meinen Teva-Sandalen zurückgelegt, was die Sache nicht unbedingt einfacher machte, denn ich musste die Wanderschuhe im Rucksack verstauen und das bedeutet mehr Gewicht auf dem Rücken und natürlich auch auf den Füßen.*

Es war also keine so gute Idee. Am nächsten Tag war zum Glück unser Pausentag, so war es geplant und das Hotel mit einem schönen Familienzimmer und zwei getrennten Schlafzimmern für zwei Nächte gebucht. Ein Segen für uns alle nach dieser Tortur! Liam hatte zwei Merinounterhosen und zwei weitere Baumwollunterhosen dabei. Auf dieser langen Strecke hat er sich beschwert, dass seine Unterhose juckt und scheuert. Er schien die Wolle nicht gut zu vertragen, die Haut auf der Oberschenkelinnenseite war gereizt.

Für den Pausentag beschlossen wir, in Schwaz noch zwei Paar zusätzliche Baumwollunterhosen zu kaufen. Auch stellte ich fest, dass ich ein Wandersockenpaar beim Lüften in der letzten Hütte vergessen hatte und somit deutlichen Sockenmangel habe. Wie gut, dass wir eine Pause machten.

Gleich in der Nähe des Hotels entdeckten wir einen Outdoorladen und wollten uns dort Zeit lassen, um zu überlegen, was außer Socken und Kinderunterhosen sonst noch behilflich sein könnte. Ich habe der äußerst kompetenten Verkäuferin nach ausgiebiger Beratung zum Thema Wandersocken mein Problem mit den Fußsohlenschmerzen anvertraut und siehe da, es hatte einen Namen: Fußbrand! Die Verkäuferin wusste genau, was ich meinte und wie sich das anfühlt. Sie empfahl mir spezielle Schuheinlagen und verwies auf ihre eigene Erfahrung. Die Einlagen kosteten 30 Euro und ich war eher skeptisch, ob sie halfen oder ob es sich nicht einfach um eine Marketingstrategie handelte. Da ich die Wanderstiefel gerade anhatte, konnte ich sie sofort ausprobieren. Die Sohlen füllten den Stiefel etwas mehr aus, es fühlte sich enger an und auf der Sohleninnenseite gab es eine leichte Erhebung, die man durch weitere Einsätze je nach Bedarf noch verstärken konnte. Es war ein fremdes, um nicht zu sagen unkomfortables Gefühl, aber die Verkäuferin meinte, dass ich mich daran gewöhnen und keinen Fußbrand mehr bekommen würde. Ich sah mich in einer ausweglosen Situation, kaufte die „Wunder“-Sohlen und hoffte, dass ich es nicht bereuen würde. Und

– die Frau hatte recht! Ich wanderte bis zum letzten Kilometer nach Venedig mit den Wundereinlagen in den Wanderstiefeln und bekam nie wieder diese brennenden Schmerzen an den Fußsohlen.

Am Pausentag gingen wir auch zur Post und schickten die Merinowollunterhosen und Wanderstöcke nach Hause. Beides hätten wir sonst unnötig mit uns herumgeschleppt und jedes Gramm, das wir nicht nutzen, war unnötiger Ballast. Also weg damit.

Zusammengefasst haben wir durch diese Erfahrung folgende Faktoren für die Tourenplanung ausgemacht, die wir im Vorfeld nur wenig beachtet haben:

- 26 Kilometer mit 1000 Höhenmetern auf und 2500 Höhenmetern ab sind sehr ambitioniert und lassen kaum Spielraum für Störfaktoren wie Müdigkeit, Wetter, schlechte Wege, Verlaufen, Schmerzen oder Verletzungen. Wir hatten die Störfaktoren Müdigkeit, Schmerzen und schlechtes Wetter, hätten wir uns dazu verlaufen, wären wir im Dunkeln immer noch am Berg gewesen und es wäre zu einer Notfallsituation gekommen.
- Das Hotel war gebucht, was unsere Risikobereitschaft erhöhte. Wir wollten so gern in schönen Betten schlafen und nicht noch mal in einer Notunterkunft.
- Abbruchkriterien und Schutzmöglichkeiten in die Planung mit einbauen.
- Es braucht etwas Übung, das Maximum aus den Karten herauszulesen, Höhenangaben, wie eng die Höhenlinien sitzen, Terrain, Süd- oder Nordhang und das alles im Zusammenhang mit der Jahreszeit.
- Eine eigene Route am Computer zu erstellen ist mit Überraschungen vor Ort verbunden. Ein Anruf beim Hüttenwirt in der Planungsphase hätte eventuell geholfen, die Strecke besser einzuschätzen.

- Wolkenradar-Apps sind in den Bergen weniger zuverlässig. Zum einen funktionieren sie nur mit Internet, zum anderen können sich Gewitterwolken sehr schnell bilden und wieder auflösen, was die Vorhersage erschwert.

Es ist alles gut gegangen dank unserer unverwüstlichen „Kompanie", die eine enorme physische und mentale Ausdauer bewiesen hat. Insgesamt war es eine lehrreiche Erfahrung, wir haben Gämsen gesehen und jeder von uns hat seine Leistungs- und Schmerzgrenze ausgekundschaftet. Das gab uns allen mehr Vertrauen in unsere Fähigkeiten. Es ist durchaus wertvoll, einschätzen zu können, wie lange die eigenen Batterien noch halten.

Maya: Ich bin froh, dass meine Eltern vorsichtig waren, wir sind bei Gewitter auch mal eine Nacht länger in der Hütte geblieben. An eine Situation kann ich mich noch besonders gut erinnern: Wir hatten die richtige Abzweigung verpasst und sind dann in einer Art Sackgasse gelandet, es gab nun zwei Möglichkeiten: Entweder wir gehen den ganzen Weg (etwa drei Kilometer) zurück und nehmen

die Originalabzweigung oder wir gehen über eine ausgesetzte Stelle weiter, von der man, wenn man nicht aufpasst, abstürzen kann. Die Stelle war ein Übergang zum normalen Pfad und nur etwa sechs Meter lang. Papa, der Held, ist für uns vorausgegangen, um zu schauen, ob wir weitergehen können oder umdrehen müssen. Er hat sich fürs Umdrehen entschieden.

Ich glaube, ich wäre in dem Moment weitergegangen, aber jetzt bin ich froh, dass er entschieden und keiner mich gefragt hat. Aus solchen Situationen kann man viel lernen. Man spart Zeit, indem man sich Zeit nimmt. „Wenn du es eilig hast, gehe langsam", würde Konfuzius jetzt sagen. Es stimmt wirklich. Wenn sich dort jemand verletzt hätte, hätte es uns viel, viel mehr Zeit gekostet, als wenn man an einem Tag eben mal drei Kilometer drauflegt. – Weise Worte by: the one and only Maya.

Tipp: Das Routenprofil auf mehrere Papierbögen verteilt ausdrucken, überschüssiges Papier abschneiden, die Streifen aneinanderkleben und zusammenrollen. Jeder bekommt eine kompakte Papierrolle mit der kompletten Route. Somit kann er selbst die Wanderung anhand der Höhen und markanten Punkten täglich nachverfolgen. Das erspart dem Führenden viele Nachfragen und den anderen nimmt es die Ungewissheit.

Gut versichert unterwegs

Für unsere Fernwanderung haben wir eine Mitgliedschaft beim Deutschen Alpenverein (DAV) abgeschlossen, die eine umfassende Versicherung gegen Bergsportunfälle beinhaltet. Die Krankenversicherung sollte den Rest abdecken. Was wir nicht bedacht haben, ist das Risiko des Abtransports bei Erkrankungen in den Bergen. Auf der Hütte hatte ein Grippevirus Nelly erwischt. Die Hütte war mit dem Auto nicht erreichbar und wir mussten uns entscheiden, ob wir für einige Tage dort ausharren und versuchen, die Erkrankung auszusitzen, oder einen Hubschrauber anfordern. Erschwerend kam hinzu, dass die Hütte feucht und kalt war, außerdem hatte Nelly starke Schmerzen. Ohne einen Arzt oder eine Apotheke, mit zwei Kindern und dem Risiko, dass noch mehr von uns angesteckt werden, erschien ein Aussitzen in dem Moment einfach zu riskant und wir forderten einen Hubschrauber an. Das hat auch super geklappt, allerdings wollte keine Versicherung die Transportkosten übernehmen, da es sich um eine Bergung und nicht um einen Unfall handelte. Eine Bergung wird von der Krankenkasse nicht übernommen und wenn es kein Unfall ist, springt die Bergsportunfallversicherung des DVA auch nicht ein. Eine Zusatzversicherung hätte uns viel Ärger erspart.

Ist eine Fernwanderung teuer?
Um gleich auf den Punkt zu kommen: Ich habe mit 200 Euro pro Tag kalkuliert und diese Einschätzung hat sich als richtig erwiesen. Damit konnten wir Unterkunft, Essen und Sonstiges für vier Personen bezahlen. Wir haben in Hütten, Pensionen, Jugendherbergen, B&B und selten in Hotels übernachtet, wobei wir Matratzenlager, wo immer es ging, mieden. Einmal täglich haben wir im Restaurant oder in der Hütte warm gegessen und uns sonst aus Supermärkten versorgt.

Das war eine gute Mischung aus Sparsamkeit und „sich was gönnen". Sicherlich ist es möglich, mit weniger Geld auszukommen, wenn alle Beteiligten sich mit den Einschränkungen wohlfühlen. Dann begnügt man sich eben mit dem Matratzenlager in den Hütten und den Jugendherbergen im Tal, wobei die günstigen Unterkünfte in der Regel schneller ausgebucht sind als die teureren. Und zum Essen geht man in Pizzerien oder Schnellrestaurants. Hier kommen wir zu der Frage, was das Ziel einer Unternehmung ist und wie die Beteiligten motiviert sind. Diese Frage muss jeder für sich selbst beantworten.

Ausrüstung

Ordnung hilft!
Wir haben folgendes Ordnungssystem eingeführt: Die Sachen im Rucksack waren in zwei Plastiktüten aufgeteilt. Eine enthielt alles, was man in der Hütte braucht, hauptsächlich Schlafsachen, Waschzeug und ein Handtuch. In der zweiten Tüte verstauten wir die Sachen, die außerhalb der Hütte benötigt werden, vor allem Wanderkleidung, die man gerade nicht trägt. Regenklamotten wurden als dritte Einheit zusammengerollt und verstaut. Dazu hatte ich die technische Ausrüstung wie Ladegerät, -kabel, Ersatzbatterien für die Stirnlampe und die Stirnlampe selbst in einer Kunststoffbox unter dem Rucksackdeckel beisammen. Ein Ordnungssystem hilft, Nerven zu schonen, da man nicht ständig nach etwas sucht, was vor allem mit Kindern durchaus ausarten kann. Insbesondere in einem Matratzenlager, wo wenig Platz ist und viele Wanderer ihre Habseligkeiten ausbreiten, ist ein ordentlich bepackter Rucksack Gold wert.

Was braucht man für die Hüttenübernachtung?
Eine Regel, die sich als extrem sinnvoll erwiesen hat: Jeder sollte im Badezimmer autonom sein. Das heißt, Zahnpasta, Seife, Duschgel und die Haarbürste werden nicht geteilt, denn das führt zu Irritationen. „… wer hat die Zahnpasta und wo ist das Duschgel schon wieder!?" „Oh, das hab ich in der Dusche vergessen." „Dann hol es!" „Ja gleich, aber die ist besetzt …" Wir haben für jeden eine ultraleichte Kulturtasche von Jack Wolfskin angeschafft und komplett ausgestattet. Nagelschere und -feile benutzten wir gemeinsam.

Für den Mann: Für alles, was Seife braucht, habe ich ein Stück aus dem Biomarkt gekauft. Damit konnte ich duschen, Wäsche waschen und nassrasieren. Zum Rasieren hatte ich einen Rasierhobel, aber keinen Pinsel, aufschäumen ging auch mit den Händen gut. Wie wir alle habe ich mir eines dieser ultraleichten Microfaser-Handtücher eingepackt. Die Zahnpasta hatte ich in einer Schraubdose, Salbenkruke genannt, aus der Apotheke. Sehr empfehlenswert auch für Cremes oder Lederpflegewachs. Wer wirklich auf jedes Gramm achtet, kauft Zahnputztabletten und zählt sie ab. Außerdem hatte ich Zahnbürste und -seide dabei – und das war's schon.

Gehörschutz
Das Schlafen im Matratzenlager kann unter Umständen recht anstrengend sein. Beim Einschlafen wird man durch die Nachtschwärmer gestört, die auch mal das Licht einschalten. Umgekehrt fangen die Frühaufbrecher schon vor sechs Uhr damit an, ihre Sachen zu packen. Was hilft, sind Müdigkeit, Ohrenstöpsel und Schlafbrille. Die Ohrenstöpsel sollten die ganze Nacht drinbleiben, möglichst nicht drücken und bedürfen daher einer sorgfältigen Auswahl. Es gibt welche in Apotheken und Outdoorläden und natürlich über das Internet. Wir haben mehrere Formen und Größen eingekauft und sie vor der Tour getestet.

Hüttenschuhe oder nicht?
Wochenlanges Unterwegssein bedeutet auch Aufenthalte in den Unterkünften, Spaziergänge in Ortschaften, Ausflüge und einfach nur Pausentage. Nicht nur aus Bequemlichkeitsgründen haben wir Sandalen mitgenommen, die uns auch als Hüttenschuhe oder Stadtflitzer gedient haben. Viele Hütten bieten Hüttenschuhe für die Übernachtungsgäste zwar an, diese sind dann aber meist aus Filz und außerhalb der Hütte nicht zu gebrauchen. Aus hygienischer Sicht haben wir dieses Angebot nicht in Erwägung gezogen. Ein weiterer Aspekt ist die einseitige Fußbelastung in den Wanderschuhen, die ausgeglichen werden möchte. Vor allem Kinderfüße sollten sich vielseitig bewegen können.

Nelly: *Ich persönlich fand es unpraktisch, nach einer anstrengenden Wanderung in der Hütte Sandalen zu tragen. Die Teva-Sandalen sind super zum Wandern, weil die Sohle stabil und griffig ist, aber*

nach der Dauerbelastung wünschten sich meine Füße sehnlichst ein-
fach mal, gar keine Schuhe zu tragen. Das war jedoch in den Hütten
fast nicht möglich. Die Böden, vor allem in den Waschräumen und
Toiletten, sind normalerweise nicht wirklich sauber, sodass es mir
unangenehm war, auf Socken oder barfuß herumzulaufen. Mit nack-
ten Füßen wäre es mir auch viel zu kalt gewesen, weil die Hütten in
Höhenbereichen liegen, wo es abends ganz schön frisch sein kann. So
steckten meine erschöpften Füße in Merino gekleidet in den Teva-
Sandalen, was ich als eng und ungemütlich empfand. Da hätte ich
mir superleichte, von unten gummierte Hotelschlappen gewünscht
und würde diese jedem für einen Hüttenaufenthalt empfehlen.

Unterwegs

Rucksäcke

Unsere Rucksäcke haben wir im Fachhandel und „ohne auf den
Preis zu schauen" gekauft. Sie werden mit verschiedenen Ge-
wichten befüllt und können so realitätsnah ausprobiert werden.
Meine Erfahrung nach der ersten Einstellung und Anprobe:
Man trägt den Rucksack für zehn Minuten und sollte ihn „lieben". Oder besser: Der Rücken sollte den Rucksack lieben. Es
ist ein wenig wie bei Harry Potter, wo der Zauberstab den Zau-
berer aussucht und nicht umgekehrt. Stellt sich ein ungutes Gefühl ein, probiert man ein anderes Modell. Es kann unter Umständen Stunden dauern, bis man es herausgefühlt hat,
Hauptsache, keine Kompromisse eingehen. Nach den Schuhen
ist ein guter Rucksack das Wichtigste bei einer langen Wanderung, das habe ich auf meinem eigenen Rücken bei einer unserer Testwanderungen erlebt. Bei mir sind die Stabilisierungsrie-
men an den Schulterträgern zu locker gewesen, was ich nicht
bemerkte. Das führte dazu, dass der Schwerpunkt des Rucksacks nicht nah genug am Rücken lag. Nach zehn Kilometern
merkte ich, dass meine Rückenmuskulatur zunehmend ver-
spannte. Nach 15 wurde es dann richtig ungemütlich, bis ich

auf die Idee kam, den Rucksack neu anzupassen. Ich korrigierte die Einstellungen, es wurde aber bis zum Ende der Tour nicht mehr viel besser. Ich habe mich damit getröstet, dass das bestimmt ein gutes Muskeltraining ist.

Meinen Deuter 55 +10 Aircontact habe ich 2002 gekauft. Ein tolles Modell mit sehr stabilen Flossen und einer Passform, die mir liegt. Im Nachhinein muss ich allerdings sagen, dass sich der Rucksack mit 2,6 Kilogramm Eigengewicht und der entsprechenden Stabilität eher dafür eignet, schwerere Lasten zu tragen. Da mein Zielgewicht bei sieben Kilo lag und in der Realität zwischen acht und zehn Kilo pendelte, fallen 2,6 Kilogramm schon ordentlich ins Gewicht. Nach der München-Venedig-Erfahrung habe ich mich auf einen kleineren und leichteren Rucksack umgestellt.

Beim Packen habe ich die Erfahrung gemacht, dass es im Wesentlichen nur eine Regel gibt: Das Gewicht sollte möglichst nah am oberen Rücken liegen. Wanderstöcke werden gleich hinter den Schultergurten festgemacht, Sandalen oder Schuhe, die man nicht trägt, sollten nicht hinten am Rucksack baumeln, sondern möglichst an den Seiten fest angeschnallt sein. Das Komprimieren des Rucksacks mit allen zur Verfügung stehenden Gurten sollte zur Gewohnheit werden. Durch jede Bewegung des Trägers wirken unterschiedliche Massen und Kräfte, wobei der Rucksack mit seiner Gewichtsverteilung eine erhebliche Rolle spielt. Bei jedem Schritt wird die Masse des Rucksacks beschleunigt und wieder abgebremst, dabei geht es nach oben und nach unten, nach vorne und auch rotierend um die Körperachse. Nehmen wir mal an, dass es bei 20 Kilometern Strecke im Gebirge wohl 30000 Schritte sein werden. Das heißt, die Muskulatur eines Wanderers wird das vielfältige Beschleunigen und Abbremsen des Körpers und des Rucksacks 30000-mal durchführen müssen. Na ja, man stelle sich eine Schraube vor, die gegen einen Schraubenschlüssel ankämpfen muss. Je länger der Schraubenschlüsselgriff, sprich der Hebelarm, desto mühsamer wird es für die Schraube … Übertragen auf den Wanderer: Jedes Gramm, das sich weiter weg vom Körper befindet, hat einen längeren Hebelarm und verursacht bei jedem Schritt einen höheren Aufwand und eine größere Muskelbelastung.

Ein guter Test, ob der Rucksack sinnvoll gepackt ist, ist eine kurze Joggingrunde. So stellt man schnell fest, ob das Gewicht gut verteilt ist oder sich etwas verschiebt.

Wanderschuhe
Wie die Rucksäcke haben wir die Bergschuhe ganz klassisch im Fachhandel gekauft und dabei nicht gespart. Wir nahmen uns viel Zeit, probierten verschiedene Socken aus und ließen uns beraten. Beim Testen von Wanderschuhen wende ich unter anderem folgende Faustregel an. Der Schuh sollte auch mit einer flachen Schnürung „funktionieren". Das heißt, man lässt beim

Schnüren die oberen zwei oder drei Ösen frei und steigt über die in Fachgeschäften üblichen schrägen Übungsstrecken hoch und runter. Passt der Schuh, wird der Fuß nicht herausrutschen. Diesen Trick wendet man übrigens auch bei steileren Bergaufpassagen an: Das Fußgelenk muss dann nicht gegen den hochgeschnürten Schuh arbeiten und wird dadurch nicht so sehr belastet.

Für die Kinder haben wir etwas weichere Wanderschuhe ausgewählt. Dazu sollte ich erwähnen, dass ich ein Verfechter des Barfußlaufens bin und am liebsten mit Minimal-Schuhen unterwegs sein würde. Die Füße eines Erwachsenen sind typischerweise nicht ausreichend trainiert und sollten mit ordentlichen Wanderschuhen eingepackt werden, um lange Strecken zu überstehen. Bei den Kindern, wenn sie sich vielseitig bewegen, sehe ich das etwas entspannter. Zunächst sind die Kinder naturgemäß leichter und ihre Füße haben noch nicht Jahrzehnte des Schuhetragens hinter sich, sie kommen auch ohne große Unterstützung wunderbar zurecht. Nichtsdestotrotz haben wir auf Knöchelschutz, wasserdichte Membran und eine griffige Sohle geachtet, wobei man an den Marken Vibram und Gore-Tex kaum vorbeikommt. Schuhe und Socken wurden auf mehreren Tagestouren ausgiebig getestet.

Der Aufwand und das Geld haben sich gelohnt, wir hatten keine Blasenprobleme oder sonstige Beschwerden. Fast keine. Nelly bekam bei längeren Flachetappen wie oben schon beschrieben Fußbrand. Bei nächster Gelegenheit informierten wir uns in einem Fachgeschäft und hatten Glück, auf kundige Verkäufer zu stoßen. Die Ursache war höchstwahrscheinlich eine unglückliche Schnürung, die auf Dauer den Schmerz verursacht. Um den Fuß mit dem Spann besser an den Schuh anzuschmiegen, kauften wir Einlagen, die den Raum im Inneren des Schuhs mehr und anders ausfüllen. Mit dieser Anpassung war das Problem behoben. Hier sind die Schuhe, die für uns optimal gepasst haben: Dimitri lief die Strecke mit Lowa, Lederausführung mit Gore-Tex-Membran, Index 3. Nelly lief mit Lowa, ebenfalls in Leder und Gore-Tex, Index 2. Maya hatte weiche, knöchelhohe Salomon-Schuhe mit Gore-Tex. Liam lief mit La Sportiva mit Gore-Tex, relativ weichen, knöchelhohen Schuhen.

Wandersandalen

Zusätzlich zu den Wanderschuhen entschieden wir uns für Teva-Sandalen, und zwar auf den letzten Drücker. Davor schwankten die Überlegungen von leichten Turnschuhen bis zu Flip-Flops, bis es bei der letzten Trainingswanderung klick machte. Bei einem sehr lang gezogenen Abstieg auf einer Straße brannten uns wegen der Hitze auf den letzten Kilometern regelrecht die Füße. Als Nelly ihre Teva-Sandalen anzog, wir aber weiter in den Bergstiefeln gehen mussten, wurde uns klar, dass die Sandalen ein Segen, ja, ein Muss sind. Ästhetik hin oder her, sie haben sich voll ausgezahlt, denn auf der München-Venedig-Tour gab es einige Strecken, die wir in Wandersandalen zurücklegen konnten, hinzu kamen die Aufenthalte in Städten, wo man zwar einige Kilometer am Tag geht, aber keine Bergschuhe braucht.

Bergstiefel und Wandersandalen waren also eine perfekte Mischung. Man bedenke, dass man auf allen erdenklichen Untergründen unterwegs ist: auf Asphalt, Schotter, scharfem Fels, weicher Erde, steilen Hängen, Matsch und Geröll. Es ist nicht einfach, dafür immer das passende Schuhwerk parat zu haben. Da wir die schwierigen Etappen zum Teil entschärft haben, waren wir nur an wenigen Tagen wirklich in hochalpinem Gelände unterwegs. Die meisten Wege waren leicht bis mittelschwer und wir mussten auch lange Asphaltetappen im Voralpenland und über die Piave-Ebene bewältigen.

Maya: Ich war sehr zufrieden mit meiner Schuhmischung. Für ein-fachere Wege ohne Steine und Geröll sind Wandersandalen perfekt. Die kann man auch schnell ausziehen, wenn man barfuß gehen möchte (es gibt nichts Schöneres, als barfuß durch die Natur zu streifen!). Für Geröll oder Regentage sind dann die geschlossenen Wanderschuhe da. Und das hat auch seinen guten Grund, wie ich gelernt habe ... Trotzdem bin ich viel lieber mit den Sandalen ge-gangen, weil sie sich leichter anfühlen und die Füße atmen lassen. Deswegen habe ich auch Mama fleißig ignoriert, wenn sie mir mal wieder gesagt hat, ich soll im Geröllfeld keine Sandalen tragen. Ein-mal bin ich dann so richtig der Nase nach bergab hingefallen und meine Füße haben von den Steinen geblutet. Das war nicht weiter tragisch, aber so was kann man sich sparen, wenn man seinen Ver-stand einschaltet (und eventuell, gegebenenfalls, auch auf seine El-tern hört. Ich hätte nicht gedacht, dass ich das noch mal sagen würde :)).

Wie wäre es mit einem Wanderhemd?

Immer wieder habe ich mich gefragt, wozu die Leute eigentlich Wanderhemden brauchen. Ist es nur das Aussehen oder gibt es tagsächlich verborgene Vorteile gegenüber einem normalen T-Shirt? Nun habe ich die Antwort. Beim Wandern geht es im We-sentlichen darum, mit der Kleidung die Körpertemperatur zu regulieren. Bequem sollte sie sein und schnell trocknend. Okay, es gibt auch ästhetische Aspekte, man wird nämlich später Hunderte Fotos von sich haben, die man ganz stolz anderen präsentiert, und da gehört auch ein wenig Stil dazu. Zurück zum Wanderhemd. Morgens läuft man schon mal bei zehn Grad los, im Laufe des Tages ändert sich die Temperatur je nach Wind und Wetterlage. Mal läuft man im Schatten, mal in der Sonne. Mal steil, mal flach. Man sollte nicht allzu sehr schwitzen und auch nicht frieren. Wie erreicht man das mit möglichst wenig Kleidungsstücken? Je nach persönlichem Kälteempfinden wird es für jeden unterschiedlich sein.

Hier ist mein Rezept: ein langärmliges, dünnes Merinoshirt und ein kurzärmliges Wanderhemd. Damit konnte ich die meisten Wetterlagen im August abdecken. Fangen wir mit Wind und Kälte an. Der Stoff von meinem Wanderhemd war recht dicht und hat sich wie ein Windbreaker verhalten. In Kombination mit Merinowolle und aufgestelltem Kragen brauchte ich selten eine Jacke. Wird es wärmer, knöpft man das Hemd auf. Irgendwann kann das Merinoshirt eingepackt werden und schon ist man für heiße Tage bestens gerüstet. Wanderhemden sind dazu schnell trocknend und robust. Meines hat über fünf Wochen lang das tägliche Scheuern der Rucksackriemen spurlos überstanden, da wäre ein T-Shirt vermutlich schon durch. Es war aus Polyester, was sich sehr bewährte. Später entdeckte ich, dass es Wanderhemden aus reiner Merinowolle mit entsprechenden Geruchsvorteilen gibt. Ich konnte mein Merinohemd bei einer anderen Fernwanderung ausprobieren und habe es als sehr gut befunden.

Wanderhose
Bei den Wanderhosen kann man im Prinzip nicht viel verkehrt machen, solange man keine Baumwolle nimmt. Baumwolle ist sehr saugfähig und kann bis zu 65 Prozent des Eigengewichts an Wasser aufnehmen. Dementsprechend wird sie sehr schwer und trocknet nur langsam. Zum Vergleich: Polyester nimmt nur 0,5 bis ein Prozent des Eigengewichts auf. Auch sollte die Hose nicht die Bewegungsfreiheit einschränken. Beim Treppensteigen merkt man schnell, wenn die Oberschenkel gegen einen Widerstand ankämpfen müssen, weil die Hose zu eng sitzt oder der Schnitt nicht passt. Nach mehreren Wochen unterwegs wird die Taille schmaler und die Hose fühlt sich entsprechend

größer an. Daher den Gürtel nicht vergessen! Der ist in manchen Hosen bereits integriert – eine elegante Lösung! Kauft man sich einen Gürtel, ist darauf zu achten, dass das Material weich und die Schnalle flach ist, da sie genau unter der Hüftgurtschnalle des Rucksacks liegt.

Speziell im Sommer wandert es sich am schönsten in einer kurzen Wanderhose, obwohl es im Gebirge auch schon mal empfindlich kalt sein kann. An regnerischen Tagen oder bei Stechmückenattacken ist man über eine lange Hose allerdings mehr als froh. Auch spricht nichts gegen die Zip-Off-Variante, doch auch eine Kombination aus langer Wanderhose und kurzer Shorts – das können ganz normale Laufshorts sein – funktioniert prima.

Sind Wanderstöcke Pflicht?
Wir haben uns entschieden, zwei Paar Teleskopstöcke (600 g pro Paar) mitzunehmen und diese abwechselnd je nach Bedarf zu benutzen. Was ist der Vorteil von Stöcken? Man bewegt die obere Arm- und Schultermuskulatur, die Abwechselung ist speziell bei flachen Etappen sehr willkommen. Beim Abstieg wird das Körpergewicht ein Stück weit aufgefangen und beim Aufstieg unterstützt man die Oberschenkelmuskulatur. Was spricht dagegen? Stöcke sind zusätzliches Gewicht, das man mitführt. Die Trittfestigkeit beziehungsweise die Körperbalance wird bei zu häufigem Stockeinsatz auf „vier Beine umgestellt". Stöcke können vor allem im felsigen oder schwierigen Gelände zum Hindernis werden und zwischen Steinen einklemmen. Wie entscheidet man sich?

Wir haben die Teleskopstöcke im Laufe der Tour zurückgeschickt. Stattdessen habe ich uns aus Haselnusssträuchern Wanderstäbe geschnitten. Mannslang und je nach Handgröße drei bis vier Zentimeter stark. Schon nach wenigen Tagen trocknet der Wanderstab zunehmend aus und wird leichter. Ein solcher Stab ist kostenlos, kann bei Bedarf zurückgelassen und wieder neu geschnitten werden. Es bietet sich an, ihn mit Mustern zu verzieren, was besonders die Kinder begeistert. Wir haben unsere Wanderstöcke quer auf Steine gelegt, um Wäsche zu trocknen, und sie benutzt, um einen Rucksack zu transportieren, wenn einem aus der Gruppe die Puste ausging. Dazu legt man den Wanderstab bei zwei Personen in den Nacken und hängt den Rucksack dazwischen.

Stoffkunde: Wolle und Seide
Wir haben uns nach langem Hin und Her mit Merinowolle eingedeckt: ein lang- und kurzärmeliges Shirt für jeden. Eine Kostenfrage ist das schon, ich bin jedoch überzeugt, man kommt nicht drum herum. Abgesehen von funktionalen Vorteilen wie schnell trocknend und wärmeregulierend stinkt Merino einfach nicht, die Wolle nimmt den Geruch nicht auf. Das Hängt wohl mit der Oberfläche der Fasern zusammen, auf der sich die Bakterien nicht so leicht festsetzen können. Man sieht sie förmlich vor sich, die verzweifelten Bakterien, wie sie versuchen, sich festzuklammern, und dann abrutschen. Auf der Tour haben wir dreimal in einem Waschsalon gewaschen, ansonsten regelmäßig mit der Hand. Da lernt man Geruchlosigkeit richtig schätzen! Die Merinowolle mag ein wenig kratzen, wobei das nur in den ersten Minuten nach dem Anziehen spürbar ist. Ich vermute, dass die Körperwärme dazu beiträgt, dass die Wollfasern etwas geschmeidiger werden. Die Wollunterhosen meines Sohnes haben wir dennoch nach der ersten Woche zurückgeschickt. Er konnte sich einfach nicht daran gewöhnen.

Zum Schlafen hatte Liam ein Seidenlangarmshirt, das er auch mal tagsüber trug, je nach Wetter und Bedarf – Seide hat eine kühlende und gleichzeitig wärmende Wirkung. In der Hütte benutzte jeder von uns einen Schlafsack aus Seide. Die Vorzüge liegen ganz klar nicht im Preis, weil sie deutlich teurer sind als Baumwollhüttensäcke, sondern im Gewicht und in der Trocknungsgeschwindigkeit.

Nelly: *Ich kann Merinokleidung jedem Fernwanderer empfehlen. Wenn die Nächte in der Hütte kühl waren, empfand ich die Wolle beim Schlafen als sehr angenehm. Gab es am nächsten Morgen kein frisches Wandershirt, war es kein Problem, das Schlafshirt einfach anzulassen: Wie schon oben erwähnt, nimmt Merino keine Feuchtigkeit oder Gerüche an. Die Merinounterwäsche konnte am Abend per Hand gewaschen werden, denn sie trocknet praktischerweise sehr schnell. Ich war von der Unterwäsche der Marke Icebreaker wirklich begeistert.*

Mayas Unterwäsche war aus Kunstfaser der Marke Arc'teryx und ist sauschnell trocknend und ultraleicht, also ebenfalls empfehlenswert.

Die Baumwollunterhose von Liam musste etwas länger trocknen. Das war aber nicht so schlimm – er hatte ja drei Stück dabei! Wir haben auch schon mal feuchte Unterwäsche im Tragenetz, in dem sich normalerweise das Microfaserhandtuch befindet, außen am Rucksack zu Ende getrocknet.

Ich muss gestehen, dass ich nach vier Wochen Merino, Seide und Funktionsfaser auf der Haut so stark wie noch nie Baumwolle vermisste. Es war ein unbeschreiblicher Genuss, zu Hause wieder auf Baumwollbettwäsche in einem Baumwollnachthemd zu schlafen! Neben den Hotelhausschlappen wäre ein Baumwollshirt oder Hemd (gäbe es nicht die Grammzählerei beim Packen) ein deutlicher Beitrag zu meinem persönlichen Wohlbefinden bei der Tour gewesen.

Die Qual der Wahl: Wandersocken

Jeder hatte zwei Paar Wandersocken mit. Wir hatten die unterschiedlichsten Exemplare ausprobiert und auf Tagestouren getestet. Ich benutzte ein Paar aus Kunstfaser und eines aus Wolle. Kunstfaser hat sich bei mir gut bewährt und ich habe den Geruch einfach mal in Kauf genommen, mir eingebildet, dass es in den Hütten sowieso nicht auffällt. Nelly trug die meiste Zeit Wolle und war sehr zufrieden. Es ist schon fast unheimlich, wie Wolle nach einem harten Wandertag und nur kurzem Lüften nach rein gar nichts riecht!

Wie vermeide ich Blasen?

Um Blasenbildung zu verhindern oder zu lindern, hatten wir Moosgummi, Hirschtalg und Nylonsocken eingepackt. Außer Hirschtalg mussten wir jedoch nichts von den folgenden Tipps selbst anwenden: Aus Moosgummi schneidet man einen Ring, den man um die Blase legt und mit einem Tape anklebt. Das soll den Druck von der schmerzenden Stelle nehmen. Die Nylonsocke, ja genau, die Damenvariante, wird unter der Wandersocke angezogen, die auf diese Art auf dem Nylon gleitet und nicht auf der Haut, was die Reibung verringert. Hirschtalg verwendete Nelly tatsächlich, um die Haut elastischer zu halten. Dazu schmiert man die Füße ruhig schon abends ein.

Nelly kaufte sich die doppellagigen Wandersocken von Wrightsock. Der Trick dabei: Das Scheuern passiert beim Gehen zwischen den beiden Lagen der Socke und nicht am Fuß, was die Blasenbildung verhindert. Das hat sich bestätigt, Nelly war sehr zufrieden damit.

Das Regenschutzdilemma

Regenausrüstung auszusuchen, hat uns viel Zeit und Gehirnschmalz gekostet. Sie ist ein signifikanter Gewichtsfaktor. Außerdem geht ein guter Regenschutz, der auf sieben bis acht Stunden Nässe ausgelegt ist, so richtig ins Geld – und ist für vier Personen nahezu utopisch. Also ging es darum, Kompromisse einzugehen. Nelly hatte als Einzige eine richtig gute Gore-Tex-Jacke und -Hose, die sie überraschend günstig auf dem jährlichen Alpenvereinsmarkt gekauft hatte. Alle anderen hatten eher durchschnittliche Regenjacken und -hosen, die vielleicht zwei oder drei Stunden durchhielten. Unser Glück: Da wir im Sommer 2017 fast immer gutes Wetter hatten, haben wir die Regensachen sehr selten gebraucht. Im Wesentlichen kristallisierten sich beim Regenschutz folgende Varianten heraus:

Regenponcho

Der Regenponcho wird über den Rucksack und Rucksackträger gestülpt und mit einem Knopf zwischen den Beinen verbunden. Ich habe einen vor der Tour getestet und für eine interessante Lösung befunden. Ponchos sind sehr günstig und absolut wasserdicht –Schwitzen inklusive. Die Luftzirkulation um die Beine herum ist jedoch gewährleistet, man schwitzt eher im oberen Bereich, was auch von der Außentemperatur abhängt. Weitere Vorteile: Ein Regenponcho trägt zur Gewichtsreduktion enorm bei, denn er ersetzt Regenjacke, -hose und -hülle für den Rucksack. Das An- und Ausziehen ist im Vergleich zu Jacke und Hose sehr einfach, man stülpt ihn bei Regen über, zieht ihn, wenn man ihn nicht mehr braucht, über den Kopf nach hinten zurück und lässt ihn über dem Rucksack hängen.

Regenjacke und -hose

Aus folgenden Gründen haben wir uns dennoch für Regenhose und -jacke entschieden. Sie sind in ihrer Funktion als Kleidungsstücke auch ein Kälteschutz! Da wir mit Temperaturen unter null Grad rechneten, wollten wir auf diese zusätzliche Kleidung nicht verzichten. Ein Nachteil des Ponchos ist zudem, dass er sich in schwierigem Gelände, wo Trittsicherheit gefragt ist, als ungünstig erweist. Dieses Argument hat sich im Verlauf der Tour jedoch relativiert, denn zu einem haben wir die technisch schwierigen Etappen umgangen, zum anderen bei schlechtem Wetter alpines Gelände erst gar nicht betreten. Wie beim Poncho ist das Hauptproblem bei Jacke und Hose das Schwitzen, man wird bei wärmeren Temperaturen unten drunter einfach nass. Wir sahen uns also gezwungen, bei Regenpausen oder schon bei nachlassendem Regen beides auszuziehen, was recht umständlich war. Teurere Regenkleidung hat Reißverschlüsse – bei der Hose zum Beispiel über die volle Beinlänge –, was ein „Lüften" zwischendurch ermöglicht.

Regenjacke und Gamaschen

Eine weitere Variante ist die Kombination aus Regenjacke und Gamaschen. Dabei nimmt man in Kauf, dass die Wandershorts etwas Nässe abkriegen. Schuhe und Füße bleiben aber trocken und man schwitzt nicht unter der Regenhose. Die Shorts trocknen relativ schnell, man hat also bei einer wechselnden, nicht allzu regnerischen Witterung einen guten Kompromiss gefunden. Rechnet man mit Altschneefeldern im Gebirge, sind die Gamaschen unbedingt zu empfehlen. Vor allem der Spurende, der vorangeht und mehr als andere im Schnee einsinkt, profitiert davon.

Regenschirm

Auch ein Regenschirm ist durchaus in Erwägung zu ziehen. Da wir bei unserer Fernwanderung bereits mit Regensachen ausgestattet waren, verzichteten wir darauf, aber an feuchten Tagen hätte ich mir einen gewünscht. Einzig bei Wind und in schwierigem Gelände hat man mit Regenschirmen schlechte Karten.

Notfallausrüstung

Wir hatten eine helle und ausdauernde LED-Stirnlampe und kleine LED-Taschenlämpchen für jeden von uns dabei, wobei überall die gleichen AAA-Batterien benötigt wurden. Die kleinen Lampen kamen nur in der Hütte zum Einsatz, wenn man in Dunkelheit etwas aus dem Rucksack holen musste, seine

Ohrstöpsel plötzlich nicht mehr finden konnte und nicht unbedingt andere durch das Deckenlicht stören wollte. Jeder hatte seine Taschenlampe unter dem Kopfkissen gleich griffbereit. Da die Tage im Sommer lang sind und wir die Etappen gut geplant haben, kam unsere Stirnlampe nicht wirklich zum Einsatz. Trotzdem: Sie ist ein absolutes Muss, denn wo es keine Straßenbeleuchtung gibt, kann es verdammt dunkel werden.

Signalpfeifen, am Brustgurt der Rucksäcke befestigt, nutzten wir zur Kommunikation. Es passierte recht oft, dass die Kinder plötzlich um die Ecke verschwanden und nicht mehr zu sehen waren. Zwei Pfiffe: Geht's gut? Ein Pfiff: Ja. Drei intensive Pfiffe: „Hör auf, das Kätzchen zu streicheln, und beweg dich, wir sind vom Warten schon genervt!" Das alpine Notsignal haben wir natürlich mit den Kindern auch mehrfach geübt.

Für einen Notruf kaufte ich einfaches Mobiltelefon mit SIM-Karte, lud es voll auf, nahm den Akku heraus und verpackte alles zusammen wasserdicht. Für den Fall, dass die anderen Geräte nicht mehr funktionieren. Bitte informieren Sie sich über die Möglichkeiten, einen Notruf auch über fremde Mobilnetze abzusetzen.

Bauchtasche
Im Laufe eines Tages wird man einige Dinge wie Karte, Taschentücher, GPS-Gerät und Wanderführer unzählige Male benötigen. Eine Bauchtasche ist dafür sehr praktisch und empfehlenswert, es sei denn, es ist etwas Ähnliches bereits am Rucksack vorhanden.

Verpflegung
Das Essen in den Hütten ist meistens sehr gut und oft ein Highlight nach dem langen Tagesmarsch. Eine Familie 30 Tage lang auswärts gut zu ernähren, ist indes gar nicht so einfach, wie es

scheint. Man bedenke, dass so eine Tour mit bis zu zehn Gehstunden täglich durchaus im Bereich des Extremsports liegt und die Ernährung da mithalten muss. Da die Hütten und Pensionsessen oft einseitig, weißmehl- und fettreich sind, haben wir uns um Ausgewogenheit bemüht. Wo immer es ging, kauften wir auf Märkten und in Supermärkten ein und deckten uns mit allem ein, was roh zu verzehren war. Da kamen Obst und Gemüse, Nüsse, Trockenfrüchte und Vollkornbrot mit pestoartigen Aufstrichen mit Oliven oder Leinöl auf den Tisch. Was wir erst spät entdeckten, ist, dass eine Plastikschüssel mit fest verschließbarem Deckel und einem Löffel die Möglichkeiten zur Selbstversorgung enorm erweitert. So eine Ein-Liter-Schüssel ist recht leicht und eignet sich wunderbar zum Transport von weichem Obst oder Gemüse. Auch Müsli lässt sich darin anrühren und ein frischer Salat hat Platz. Wir hatten keinerlei gesundheitliche Probleme, weder mit der Verdauung noch mit Muskelkrämpfen (außer mit einer kleinen Grippe, die Nelly drei Tage lang auskurieren musste). Und wir kamen ganz ohne Nahrungsergänzungsmittel und Vitaminpräparate aus.

Wie viel Wasser nimmt man mit? Jeder von uns hatte zwei 0,5-Liter-Mehrwegflaschen aus Plastik dabei, ich darüber hinaus eine Literflasche zusätzlich, somit kamen wir auf insgesamt fünf Liter Wasser, die wir mitnehmen konnten. Wasser ist ein Gewichtsfaktor. Im Verlauf der Tour hatten wir unseren Bedarf viel besser einzuschätzen gelernt und weniger Übergewicht mitgeschleppt. Ich persönlich konnte an nicht so heißen Tagen mit 0,5 Liter auskommen. Trotzdem habe ich etwas mehr aufgefüllt, um für die Kinder eine Reserve zu haben. Es ist hilfreich, wenn man morgens und abends in der Unterkunft bewusst viel trinkt. Das tankt für den ganzen Tag auf. Für jede Etappe sollte man die Nachfüllmöglichkeiten berücksichtigen, am besten fragt man den Wirt, ob es unterwegs welche gibt. Die

Flaschen haben wir auf der Tour ein paarmal ausgetauscht und uns aus dem Supermarkt neue geholt.

Maya: Es ist wirklich erstaunlich, wie sich der Hunger und der ganze Körper an die Umwelt und die Situation anpassten. Da merkt man mal wieder, was für ein Wunder unser Körper ist. Ich esse normalerweise oft Snacks, meist aus Langeweile und Gewohnheit, nicht weil ich wirklich Hunger habe. Ich kenne viele Menschen, denen es genauso geht. Während der Wanderung habe ich nach der ersten Woche wahrscheinlich nicht ein einziges Mal an Essen gedacht, weil es immer was Interessantes oder Schönes zu sehen oder zu besprechen gab. Es lag vielleicht auch daran, dass wir beim Frühstück und Abendessen vergleichsweise viel und vor allem kalorienreich gegessen haben, was bei so viel Bewegung auch wichtig ist. Das führt dazu, dass man nach dem Essen wirklich satt ist und nicht gleich danach schon wieder Appetit auf eine Kleinigkeit hat. (Falls du deine Kalorien zählst, lass den Quatsch mir zuliebe während der Wanderung bitte, okay? Ja☐ ←bitte ankreuzen) Abgesehen davon hat man natürlich auch keine Essensauswahl wie zu Hause mit einem vollen Kühlschrank. Vielleicht lernt das Gehirn ja dann nach einer Weile, dass nicht so viel verfügbar ist, und hört auf mit dem Betteln.

Wie intensiv soll das Training sein?

DAV-Kurse

Der Deutsche Alpenverein bietet eine gute Auswahl an Kursen für Wanderer und Bergsteiger. Sie sind teilweise schnell ausgebucht, deswegen haben wir unsere Teilnahme bereits mehrere Monate im Voraus gesichert. Wir nahmen an zwei Veranstaltungen teil, am Bergsteiger-Grundkurs und am Kurs „Weiches, ökonomisches Gehen". Neben ganz praktischen Kenntnissen haben sie uns ein gewisses Selbstvertrauen dafür beschert, am Berg richtig zu handeln. Praktische Geländeübungen wie Navigieren, Entscheidungen in der Gruppe treffen, Wetter einschätzen, die Gehzeiten berechnen waren genauso wichtig wie die Zeit mit dem Bergführer an der Bar, wo viele Fragen beantwortet wurden. Wir konnten dabei unsere Ausrüstung testen und vom Bergführer kommentieren lassen. Der Kurs „Ökonomisches Gehen" hat uns für unsere Bewegung und Ausrüstung sensibilisiert sowie wichtige Techniken für das Fernwandern mitgegeben, von denen wir sehr profitiert haben.

Persönlicher Muskelaufbau

Da unsere Kinder viel Sport treiben, hat uns eher die eigene Fitness Sorgen bereitet. Unsere Sitz-Jobs fördern höchstens die Feinmotorik der Finger beim Tippen, alle anderen Muskeln werden dafür nicht gebraucht. Wir haben zwar viel Freude an Bewegung und sind nicht unsportlich, konnten uns jedoch nie mit einem Fitnessstudio anfreunden. So sollte ein Online-Fitnessprogramm Abhilfe schaffen. Es gibt eine Fülle an Angeboten für vergleichsweise wenig Geld. Die Auswahl reicht von kostenlosen Apps bis zu videobasierten Fitnessstudios, die tägliche Liveübertragungen der Trainingseinheiten anbieten. Das Gemeinsame an diesen Angeboten ist, dass das Training ganz ohne Geräte auskommt, man arbeitet überwiegend mit dem eigenen Körpergewicht. Für eines dieser Angebote haben wir uns entschieden. Die Trainingseinheiten waren unterhaltsame Videosequenzen und dauerten 20 bis 30 Minuten. Die Videos bauten aufeinander auf und die Intensität des Trainings wurde von Mal zu Mal gesteigert. Über mehrere Monate waren wir mehrmals wöchentlich dabei – und wurden immer fitter!

Kondition

Kondition fürs Wandern bekommt man beim Wandern. Ganze 17 Wanderungen waren es zwischen März und August 2017, die wir unternommen haben. Angefangen mit wenigen Kilometern rund ums Kloster Andechs und ausgebaut auf sechs bis sieben Stunden auf unserer „Trainingsstrecke" am Walchensee. Den Klassiker, mit einer entzündeten Achillessehne oder aufgescheuerten Füßen nach einer Woche die Fernwanderung abbrechen zu müssen, wollten wir auf jeden Fall vermeiden. Als Papa musste ich auch mal damit rechnen, einen Rucksack zusätzlich zu tragen, also bin ich mit meinem die sechs Kilometer zur Arbeit und zurück marschiert, um noch ein paar Kilometer draufzulegen. Jedes Wochenende in die Berge zu fahren, schien uns etwas übertrieben, also wurden wir kreativ und sind zum Beispiel nach München zum Burgeressen zu Fuß gegangen – 22 Kilometer mit vollem Gepäck. Da Liam nicht viel für diese Übungsstrecken übrighatte, haben wir ihn für die Sieben-Kilometer-Runde um den Wald mit drei Kugeln Eis „bezahlt". Die Mühe wurde belohnt: Auch wenn die München-Venedig-Etappen immer noch teils sehr anstrengend waren, hatten wir keinen Muskelkater, konnten das Gehen genießen und blieben unverletzt.

Maya: Ich habe überhaupt nicht verstanden, wieso Mama und Papa so viel Aufwand reinsteckten und wieso sie manchmal gestresst waren und sich so viele Gedanken gemacht haben. Wir Menschen sind zum Gehen da, wie die Fische zum Schwimmen und die Vögel zum Fliegen. Also was ist das Problem? Wir müssen ja nur losgehen, der Rest klärt sich schon von allein. … In Wirklichkeit sieht es wohl doch ein bisschen anders aus. Trotzdem finde ich, dass sie sich ruhig ein bisschen mehr entspannen könnten. Für mich persönlich war die Vorbereitung mit einer riesengroßen Vorfreude verbunden, ich habe im Monat vor dem Abmarsch nur noch die Tage gezählt. Dazu muss man sagen, dass ich vier- bis fünfmal in der Woche beim Tanzen war. Ich tanze Ballett, Moderndance und Jazz. Ich denke, es muss nicht unbedingt in erster Linie ein spezifisches „Wandertraining" sein, obwohl das bestimmt gut ist.

Das Wichtigste ist, dass man ein gutes Körperbewusstsein hat, sich fit fühlt und einfach generell stark ist. Wandern ist nämlich für sehr viele verschiedene Muskelgruppen anstrengend, nicht nur für die in den Beinen. Der Rücken zum Beispiel muss auch stark genug sein, das ungewohnte zusätzliche Gewicht lange tragen zu können. Deshalb kann durchaus auch Ballett zur Vorbereitung nützlich sein, auch wenn man zuerst denkt, das ist Quatsch :). Fazit: Meine Vorbereitung war sehr chillig #einhochaufdiefaulheit! Vor allem Mama und Papa haben sich hingegen fleißig mithilfe eines begleitenden Sportprogramms im Internet zu Hause fit gemacht. Man sollte sich aber bei jeder Reise bewusst sein, dass man nicht alles unter Kontrolle haben kann. Das ist doch das Schöne daran! Man kann sich so gut wie möglich vorbereiten (was definitiv sehr wichtig ist, wenn man das Gefühl hat, man kann noch nicht 30 Kilometer aus dem Stand gehen, ohne sich dabei zu verletzen!), aber man sollte auch, nachdem man alles getan hat, loslassen und die Dinge auf sich zukommen lassen. Einfach loslassen! Für Religiöse: Lege dein Schicksal in Gottes Hände! Für Yogis: Lerne loszulassen, das ist der Schlüssel zum Glück. Buddha, für andere: Chill! – und spür die Vorfreude und das Fernweh!

Wir sind eine Gruppe

Die Wanderstrecken am Walchensee haben sich als ein gutes Trainingsgebiet erwiesen. Man startet bei der Ortschaft Walchensee, fährt mit der Herzogstandbahn hoch und läuft von dort über das Gasthaus in Richtung Gipfel. Kurz davor mündet ein Abzweig in eine Gratwanderung mit einigen ausgesetzten Stellen bis zur Heimgartenhütte. Auf einem langen Abstieg geht es zurück zum Walchensee. Die Runde kann je nach Fitness variiert werden. Die Strecke ist als mittelschwer eingestuft und bietet felsigen Untergrund, ein paar seilversicherte Stellen, weiche, mit Wurzeln überzogene Waldpfade und fordert einen vor allem durch den langen Abstieg von der Heimgartenhütte. Im Nachhinein kann ich sagen, dass man, wenn man die komplette Runde ohne Seilbahn wandert, eine sehr gute Vorstellung davon bekommt, wie sich die Strecken auf der München-Venedig-Route anfühlen.

Unsere Wanderungen, es waren insgesamt 17 an der Zahl, dienten auch dazu, uns als Gruppe einzuschätzen. Dazu ein Bericht, den ich nach einer der Walchensee-Touren verfasst habe und meiner Familie als Feedback gab. Er gibt einen Einblick in unsere Vorgehens- und Denkweise.

Insgesamt: Wir haben die erste „mittelschwere" 5-Std.-Route in ~ 6 Std. erfolgreich gemeistert!

Was super lief:
Mama und Papa: Vorbesprechung. Entscheidungsfindung über die Route.
Mama: Gute Einschätzung, was wir verkraften können.

Anm.: Wir haben uns zwischen zwei Varianten entscheiden müssen und aufgrund der fortgeschrittenen Uhrzeit die kürzere genommen.

Alle: Reihenfolge bei der Gratwanderung -> wir sind nicht auseinandergerissen.

Anm.: Unser Ziel war bei der Gratwanderung, aus Sicherheitsgründen zusammenzubleiben. Zu einem, weil es ausgesetzte und seilversicherte Stellen gab, zum anderen, weil viele andere Wanderer unterwegs waren. Da überholt dich einer unvorsichtig, gibt dir einen mit seinem Rucksack mit und schon kann es gefährlich werden. Nelly, die ein etwas langsameres Tempo geht, sollte vorangehen, Liam ihr folgen, dann kamen Papa und Maya als Letzte. Wir wollten die Kinder nicht hintereinander gehen lassen, da es schon mal dazu kam, dass sie sich überholten oder sich gegenseitig in die Fersen liefen. Mit dieser Reihenfolge konnten wir gut Abstand wahren und die Kontrolle während der Gratwanderung behalten.

Alle: Längere Passagen ohne Pausen durchgehalten.
Maya, Liam: Haben beim Abstieg auf Eltern gewartet, somit haben wir uns nie „verloren".

Anm.: Der Abstieg war technisch einfach und verlief auf breiten Pfaden. Die Kinder sind uns vorausgelaufen. Um uns nicht zu verlieren, haben wir uns mit Pfeifen, die jeder an seinem Rucksack hat, verständigt. 2 Pfiffe bedeutete warten. Ein Pfiff als Antwort quittierte die Nachricht.

Liam: Den anfänglichen Frust über seinen Rucksack gut gemeistert.
Maya und Liam: Hammerkondition und besonders gute Laune!
Mama und Papa: Gut durchgekämpft, vor allem beim Abstieg!
Maya: Hat Papa beim letzten km mit dem Rucksack geholfen.
Liam: Hat Mama beim letzten km mit dem Rucksack geholfen.

Bis zum nächsten Mal zu tun:
Papa: Extratraining für das linke Knie.

Anm.: Meine persönliche Sorge war das linke Knie, das bei Belastung schmerzte. Das habe ich durch stabilisierende Übungen mit Therabändern gut in den Griff bekommen.

Mama: Extratraining für die Puste.

Anm.: Nelly war bergab unschlagbar und konnte eine erstaunliche Geschwindigkeit an den Tag legen. Das Bergaufgehen fiel ihr aber schwer.

Maya: Kopfbedeckung organisieren, nicht mit UV-Strahlung scherzen, fremde Taschentücher (Stichwort: Körperflüssigkeiten) nicht mit bloßen Händen in den Rucksack stopfen!

Anm.: Im Nachhinein ist es zwar amüsant, aber während der Tour haben wir uns richtig gestritten, weil Maya den Berg vom Müll befreien wollte, die herumliegenden Taschentücher aufsammelte und in ihren Rucksack steckte. Ohne Handschuhe, ohne Plastiktüte. Ein ehrenwertes Vorhaben, diese unhygienische Vorgehensweise trieb uns Eltern jedoch in den Wahnsinn. Maya hielt es auch nicht für notwendig, ihren Kopf in der prallen Sonne zu bedecken. Dazu eine zufällige, aber passende gemeinsame Erfahrung: Wegen eines Sonnenstichs musste eine Frau vor unseren Augen mit dem Hubschrauber abtransportiert werden. Ich denke, das half, um die Gefahr besser zu begreifen, und führte dazu, dass wir Eltern uns mit der Sonne in den Bergen auseinandersetzten, die Unterschiede zwischen Sonnenstich und Hitzeschlag unter die Lupe nahmen und den Lichtschutzfaktor höherschraubten.

Eine konkrete und sachliche Vorbesprechung ist entscheidend. Auch die Anzahl der Wanderer auf der Route kann ein Sicherheitsfaktor sein. Und: Streit auf dem Berg muss unbedingt vermieden werden. Auf der München-Venedig-Strecke machten wir eine entsprechende Erfahrung und merkten, dass es zu unüberlegten und hitzigen Aktionen kommen kann. Während ein Teenager zu Hause die Türen knallt und vielleicht ein Riss im Putz entsteht, kann die Sache am Berg ganz anders ausgehen!

Die Gehzeiten auf den Wegweisern und bei den Tourenbeschreibungen sind häufig ambitioniert. Mit den Kindern haben wir sie anfangs doppelt genommen, was sich durchaus als realistisch herausstellte. Die „halbe" Geschwindigkeit würde jedoch auf der Fernwanderung zum Problem werden, also mussten wir zusehen, dass sich in etwa unsere Gehzeiten an den Vorgaben orientierten. So entstand unsere 90-Minuten-gehen-15-Minuten-Pause-Regel.

Liam: *Nach den ersten drei Tagen war ich mir immer noch nicht sicher, ob wir es schaffen. Erst ab der Hälfte der Tour war ich mir dann sicher, dass wir es schaffen. Allerdings wurde mir vieles irgendwie gleichgültig – im positiven Sinne. Ich habe sozusagen losgelassen, es wäre okay, wenn wir abbrechen und es wäre okay, wenn wir weitergehen. Bei der Tour machte ich mir nicht so viele Gedanken über die Route, bin einfach gegangen, wie eine Maschine.*

Nelly: *Natürlich habe ich mir Gedanken gemacht: Wie meistern wir das? Wer von uns hat welche Schwächen? Meiner Meinung nach hatte jeder irgendwelche Macken, die uns im Wege stehen könnten. Da ist Dimitris Knie, das sich hin und wieder meldet und der Dauerbelastung möglicherweise nicht standhält. Mayas Physis wird wahrscheinlich keine Probleme bereiten, da sie durchtrainiert ist. Manchmal hat sie Hüftschmerzen nach dem Tanztraining, aber deswegen hat sie es noch nie ausfallen lassen. Bei Maya könnte eher die Psyche stolpern und sie uns in einem Pubertätsanfall zur Rückkehr zwingen. Wenn wir fünf Wochen nebeneinander hergehen, essen und schlafen und kaum Möglichkeiten haben, uns zurückzuziehen und Mayas Phasen des ununterbrochenen Gequassels,*

Augenverdrehens, lautstarken Diskutierens und der vulgären Beschimpfungen auszublenden, dann hielt ich es für durchaus möglich, die Reise deswegen abzubrechen. Immer wieder war das das Thema bei der Vorbereitung, aber Maya versicherte uns hoch und heilig, dass so etwas gar nicht passieren kann, weil sie jeden Tag so glücklich wäre und es sich nicht vorstellen könnte, in den Bergen schlechte Laune zu bekommen.

Liam hat von uns allen die kürzesten Beine, aber wahrscheinlich die beste Kondition. Die bewies er bei den beiden dreistündigen Tennismatches bei brennender Sommerhitze im gleichen Sommer. Als er nach dem Match nach Hause kam, wollte er gleich wieder mit Dimitri Tennis spielen oder Joggen gehen. Auch am nächsten Tag hatte er keinerlei Ermüdungserscheinungen, keinen Muskelkater, nur Blasen an den Füßen, die er nicht mal bemerkt hat. Aber auch seine Psyche könnte uns einen Strich durch die Rechnung machen. Nein, nicht die Pubertät – es ist eher sein Charakter. Wenn er in einer Sache keinen Sinn sieht, dann schaltet er seinen Sturkopf ein. Es passiert äußert selten, aber wenn, dann ist da nichts mehr zu machen. Da helfen keine Drohungen und keine Bestechungen, auch meine pädagogisch-psychologische Trickkiste nützt da nichts mehr. Und so passierte es uns in der Vorbereitung, dass Liam sich teilweise geweigert hat, mit uns zu mitzuwandern, was wir als Übung und Testmöglichkeit für das Equipment ansahen. Er meinte dann einfach ganz trocken: „Ich komme nicht mit." Seine Begründung: „Keinen Bock" oder „Ist zu langweilig". Er versicherte uns aber, dass er nach Venedig gehen möchte, das wäre ja auch was Cooles und eine Herausforderung. Dagegen waren seiner Meinung nach, die Tagestouren öde und unnötig. Und wenn wir es geschafft haben, ihn aus dem Haus zu zerren, wurden wir nicht froh darüber, denn er bekam beim Gehen plötzlich furchtbare Schmerzen am Fuß oder im Bauch, sodass wir das „arme Kind" (oder: den sturen Esel) nicht weiter quälen konnten und umkehren mussten. Das war enttäuschend und für die Aussichten auf die Tour besorgniserregend.

Meine Macke ist eine ganz andere. Psychische Eskapaden mache ich eigentlich keine. Auch körperlich bin ich zäh, obwohl ich nicht besonders muskulös bin. Ich bin nicht stark, dafür hatte ich mein on-line-„Bodyweight Training" und war damit fleißig dabei, Kraft im Rücken-, Schulter- und Beinbereich aufzubauen. Meine Schwäche sah ich in den „Soft Skills" der Tour. Ich schlafe schlecht außerhalb meiner vier Wände und besonders außerhalb meines geliebten Bettes. Ich bin ein „Wachhund". Schlafe ich nicht zu Hause, so schlafe ich im Stand-by-Modus und bin entweder wach ruhend oder wache bei jedem Geräusch auf und meine, es interpretieren zu müssen. Am nächsten Tag fühle ich mich unwohl, bin träge, gereizt. Wie viele Nächte würde ich brauchen, um mich an die ständig wechselnde Schlafatmosphäre zu gewöhnen? Was passiert, wenn ich mich nicht daran gewöhnen kann und jede Nacht zu wenig Schlaf habe?

Ich wollte mich dieser Herausforderung stellen und mir die unsinnige Macke abgewöhnen, ich wollte meinen Schlaf auf der Tour abhärten. Ich kaufte drei unterschiedliche Ohrstöpsel, packte eine Schlafbrille ein und nahm leichte, kuschelige Socken mit. Der erwartete Abhärtungseffekt ist leider nicht eingetreten.

Und täglich grüßt die Wanderroutine

Morgens

Ein typischer Morgen auf der Hütte fängt früh an. Man hat das Gefühl, jeder versucht die anderen im Frühaufstehen zu übertrumpfen und möglichst zeitig aufzubrechen. Das hat in der Tat sehr praktische Gründe. Je nach Ambition und vorgenommener Strecke braucht ein Wanderer schon mal acht bis zehn Stunden bis zur nächsten Hütte und ein früher Start erlaubt ein zeitiges Ankommen. Es ist vorteilhafter und angenehmer am frühen Nachmittag einzutrudeln und noch mehrere Stunden zum Ausruhen, Wäschewaschen, Duschen und Essen zu haben. Die häufige Gewitterneigung am späten Nachmittag treibt die Wanderer ebenfalls an.

Früh aufzubrechen hat bei uns genau einmal geklappt. Den Wunsch, mit dem Pulk der Frühaufsteher zu frühstücken und im frühmorgendlichen Vogelgezwitscher schon auf dem Pfad zu sein, mussten wir recht schnell aufgeben – es ist recht stressig, die Kinder morgens zur Eile anzutreiben. Meistens war der späte Start aber überhaupt kein Problem. Wir hatten überwiegend gutes Wetter und die Zeit reichte vollkommen aus, unser Ziel zu erreichen. Ich kann mich nur an drei Tage erinnern, die nicht so reibungslos verliefen. Über einen Fall habe ich bereits berichtet: Von der Falkenhütte nach Schwaz ist uns zum Schluss das Tageslicht ausgegangen, als wir nach Sonnenuntergang noch unterwegs waren.

Eine andere Etappe – von Schwaz zur Voldertalhütte –, die unter normalen Umständen in drei Stunden zu bewältigen war, war so verregnet, dass wir lange Pausen einlegen mussten und erst nach sieben Stunden ankamen. Damit hatten wir natürlich nicht gerechnet und waren erst nach einem ausgiebigen Frühstück kurz vor dem Mittag gestartet. Auf der Etappe Stein–Pfunders, nachdem wir mit unseren Besorgungen und der Unterkunftssuche erst um elf Uhr fertig waren, mussten wir die Reißleine ziehen und die Wanderung auf den nächsten Tag verschieben. Das führt mich wiederum zum Thema Entscheidungsfindung: Kurz nach elf Uhr hielten wir eine Krisensitzung beziehungsweise eine „Krisenstehung" ab. Die Strecke war zwar nicht schwierig, aber lang, und würde uns über einen Pass in etwa neun Stunden nach Pfunders führen. Für den späten Nachmittag waren Gewitter angesagt und auf dem Weg gab es keine alternativen Unterkünfte. Nach Abwägung aller Risiken, wobei die Kinder durchaus Mitspracherecht hatten, mussten wir uns eingestehen, dass wir angesichts der fortgeschrittenen Zeit die Strecke nicht gehen werden. Um den Tag nicht zu verlieren, entschieden wir uns, mit dem Bus nach Brixen zu fahren, uns die Stadt anzusehen und die Etappe somit zu überspringen.

Ich kann nur nochmals betonen, dass beim Wandern und vor allem beim Wandern mit Kindern die Fähigkeit entscheidend ist, Risiken richtig einzuschätzen, und Sicherheit oberste Priorität hat. Das sollte nicht mit Ängstlichkeit verwechselt werden, es wird durchaus Risiken geben, die man bereit ist in Kauf zu nehmen, nass werden zum Beispiel, aber die Fähigkeit, die Realität und mögliche Konsequenzen klar zu erkennen und danach zu handeln, ist die beste Versicherung, die man mitnimmt. Dazu dient eine offene Kommunikation, jeder muss seine Gedanken, Bedenken und Überlegungen äußern und jeder achtsam genug sein, um anderen Meinungen Raum zu geben. Es hängt dann auch von der eigenen Laune und Tagesform ab, ob man etwas risikofreudiger oder eher sicherheitsbewusster denkt und entscheidet. Wir haben viel in Trainingswanderungen investiert, um genau das zu üben.

Beim Wandern

Essen und Wasser

Ich habe festgestellt, dass ich einige Erkenntnisse über meine menschlichen Bedürfnisse relativieren musste. Nach einigem Experimentieren fand ich heraus, dass ich eine Tageswanderung mit acht bis zehn Stunden Gehzeit mit einem halben Liter Wasser und eine Packung Nüsse gut überstehen kann. Dafür nahm ich beim Frühstück ordentlich Kalorien und Wasser zu mir und tankte am Abend meine Reserven auf. An heißeren Tagen in der Ebene zum Beispiel hätte das absolut nicht ausgereicht. Was ich damit sagen möchte, ist, dass es sich lohnt, die Vorbereitungsausflüge auch dazu zu nutzen, um sich selbst und die Kinder besser kennenzulernen. Benötigt man ein Essenspaket für zwei Stunden Wanderung? Wie ist es bei drei oder vier Stunden? Wird man ohne eine Banane zwischendurch unausgeglichen und grantig?

Wie bereits erwähnt, hatten wir einen Liter Wasser pro Person eingeplant, dazu hatte ich eine Ein-Liter-Flasche als Reserve im

Gepäck. Die Flaschen haben wir dann je nach Wetter und Route mal voll, mal nur halb voll aufgefüllt. Je nach Bauchgefühl haben wir, die Eltern, das Trinken etwas hinausgezögert und unser Wasser zum Teil aufgespart, um es bei Bedarf den Kindern zu überlassen. Ein weiterer Aspekt kommt bei Verletzungen hinzu. Die Wunden müssen üblicherweise ausgewaschen werden, da wäre ein halber Liter Reserve ganz praktisch. Wir machten nur einmal die Erfahrung mit einer Schürfwunde an Mayas Fuß. Was an sich nichts Tragisches ist, kann bei einer Fernwanderung zum Problem werden. Beim Aufstieg zur Tissi-Hütte – Maya ging in ihren Wandersandalen – stolperte sie und verletzte ihre Zehen an einem scharfen Felsen. Wir wuschen und versorgten die Wunde. Mit Pflaster und Socken konnte Maya die Wanderstiefel wieder anziehen. Glück gehabt!

Frustfaktoren

Eine Fernwanderung ohne emotionale Tiefen und Höhen wurde wohl noch nicht erfunden. Sprechen wir mal über die Tiefen ...

Dimitri: Ich bin dem „Reiseleitersyndrom" zum Opfer gefallen. Das ist eine schleichend eintretende Frustration, wobei man sich zunehmend als Reiseleiter einer verwöhnten Gruppe fühlt und es irgendwann satthat, eine Auskunfts- und Problemlösemaschine zu sein. Schauen wir uns das mal genauer an. Ich habe schon ganz am Anfang erwähnt, dass ich die treibende Kraft hinter der Tour war, ich plante die Etappen, beschäftigte mich mit Navigation, buchte die Unterkünfte und setzte auch andere vorbereitende Maßnahmen um. Das hatte unweigerlich zur Folge, dass ich über alles Bescheid wusste und die anderen mir in jeglicher Hinsicht vertrauten. Und so ging es Tag für Tag: Ich allein wusste, wo es langgeht, wo wir übernachten werden, wo der nächste Supermarkt ist und überhaupt wo und wie und was ist. Und ich wurde zunehmend müde, die Fra-

gen der anderen zu beantworten, logistische Probleme zu lösen, ih-
ren Frust zu spüren, wenn ich mich wieder mal mit der Ankunfts-
zeit verschätzt hatte. Es ist ein Unterschied, ob man permanent im
Kopf damit beschäftigt ist, den Weg nicht zu verlieren, oder einfach
nur hinterherläuft und die Gegend betrachtet.

Nach zwei Wochen war ich mit meinen Nerven am Ende und
motzte nur so herum. Es hat einen halben Tag gedauert, bis ich mich
von allein wieder einkriegte und beschloss, mit dem Selbstmitleid
aufzuhören. Nachdem ich meine Rolle bewusst akzeptiert hatte,
ging es leichter und ich hatte weniger Probleme, weiterhin Reiselei-
ter zu sein. Abschließend kann ich sagen, dass es ratsam ist, Aufga-
ben wie Navigieren, Recherchieren oder Unterkünfte abtelefonieren
auf alle zu verteilen. Wäschewaschen und Einkaufen haben wir ge-
meinsam erledigt.

Abends

Nach einem langen Wandertag ist es an der Zeit, die körperlichen Reserven wieder aufzufüllen. Zunächst haben wir drauf
geachtet, dass wir das Matratzenlager beim Tageslicht beziehen
und alles für die Nacht schon mal zurechtlegen –Schlafsäcke,
Taschenlampen, Gehörschutz – und die eigenen Sachen beisam-
menhalten, damit das Packen leichter fällt und nichts abhan-
denkommt. Das Matratzenlager ist die günstigste Variante zu
übernachten, allerdings bietet es keine Privatsphäre und ist
auch insgesamt wenig erholsam. Wir haben so oft es ging versucht, ein Familienzimmer zu bekommen. Dabei geht es nicht
nur um den Schlaf, sondern auch um den Raum für ein unge-
störtes Beisammensein. Einen Raum, wo alles Mögliche bespro-
chen wird, wo geschimpft und gelacht wird, ohne auf andere
Rücksicht nehmen zu müssen.

Nelly: *Jeden Abend haben wir uns wie kleine Kinder aufs Essen gefreut. Das war in den Hütten einfach spitzenmäßig. Natürlich kann es sein, dass es uns nur so vorkam, weil unsere Energiereserven am Ende waren. Teilweise war der selbst gemachte Topfenstrudel oder Käsekuchen so himmlisch, dass der ohnehin schon mächtig füllenden Hauptspeise gleich zwei Desserts folgten. Wir fühlten uns abends in einer trockenen, warmen Hütte wie auf Wolke sieben in Wonnewallungen schwebend. Nach einer warmen Mahlzeit und einer heißen Dusche waren alle Strapazen des Tages vergessen. Deswegen war die Stimmung besonders vor dem Schlafen recht ausgelassen und wenn wir das Glück hatten, nicht in einem Matratzenlager zu schlafen, so wurde noch bis tief in die Nacht rumgekichert, gegackert und Blödsinn gemacht. Auch Kissenschlachten mussten ausgetragen werden. Woran lag das? Weil wir an den Abenden eine tiefe Zufriedenheit spürten oder weil die Witze der Kinder wirklich so lustig waren?*

Nur mühsam kamen die Beine nach einem Wandertag zur Ruhe, irgendwie gingen sie in der Nacht weiter. Die Tagesbelastung lag schwer auf ihnen und ich versuchte, die Beinmuskulatur ganz bewusst loszulassen. Bei der Tour habe ich des Öfteren gedacht: Oh Mann, morgen gibt's einen fetten Muskelkater. Tatsächlich stieg ich morgens wie eine 100-Jährige aus dem Bett. Die Beine bleischwer. Wundersamerweise dauerte dieser Zustand aber nur so lange an, bis ich nach dem Frühstück in die Wanderstiefel stieg. Dann war mein Körper wach und in einem nagelneuen Zustand, bereit für den Tag. Ich habe mir nach den ersten Wandertagen gedacht, dass wir nach einer Woche bereits soweit durchtrainiert sind, dass unsere Beine am Abend keine Erschöpfung mehr spüren würden. Aber dem war nicht so, wir waren tatsächlich jeden Abend aufs Neue ziemlich müde.

Unsere geschätzte Physiotherapeutin, die uns alle aus unterschiedlichen Gründen vor der Tour bearbeitet hatte, war fasziniert von

unserem Vorhaben. Und weil sie unsere physische Verfassung be-
rufsbedingt bestens kannte, wagte sie eine Prognose: Sie war über-
zeugt, dass wir das körperlich problemlos schafften. Ihre Bedenken,
die sie aus eigener Wandererfahrung hatte, bezogen sich auf die her-
untergekommenen Hütten, von denen es vielleicht einige auf dem
Weg geben würde. Sie hatte Bedenken, ob ich als Frau die mangel-
haften sanitären Einrichtungen so lange aushalten könnte. Das wa-
ren auch meine Bedenken. In dieser Hinsicht aber waren meine und
die Sorgen meiner Physiotherapeutin unberechtigt.

Für die Nöte in freier Natur hatte jeder von uns eine kleine Rolle
Klopapier dabei, denn Taschentücher zersetzen sich nicht so gut.
Und in den Hütten waren die sanitären Anlagen zwar sehr einfach,
aber in einem durchaus akzeptablen Zustand. Das Gute war, dass
wir etwa einmal pro Woche in einem Hotelzimmer übernachteten,
wo auch die sanitären Anlagen zum Entspannen einluden.

Nach der Tour

Anderen erzählen ...

... erhöht den eigenen Erlebnisgrad! Die Geschichten und Fotos mit anderen zu teilen, hat uns geholfen, unsere Fernwanderung und das Erlebte besser zu verstehen und mehr zu schätzen. Das Jahr der Wanderung hat uns so viele Erinnerungen hinterlassen, so viele Momente, die man festhalten möchte, dass es Zeit braucht, das alles zu verarbeiten und einzuordnen. Dieses Buch ist ein Teil von diesem Prozess. Vieles ist in Fotos und Videos festgehalten, einiges in den Notizen zu finden und manches nur als Gefühl in Erinnerung geblieben. Es gab unzählige Witze und Sprüche, über die wir auf der Tour Tränen gelacht haben und an die wir uns jetzt zum Teil leider nicht mehr erinnern können.

Was hat es mit uns gemacht?

Maya: Es war der mit Abstand interessanteste, lehrreichste, spannendste, schönste, wunderbarste Urlaub in meinem Leben (und ja, ich schreibe das freiwillig und nicht, weil man in einem Buch eben solche Sachen schreibt). Wir alle denken entweder in der Zukunft oder in der Vergangenheit, auch wenn das keinen Sinn macht, weil wir nur die Gegenwart haben ... Beim Wandern merkte ich, dass dieses Denkmuster nach etwa einer Woche verschwindet. Ich habe aufgehört mir zu überlegen, was ich wohl diesen Abend essen möchte, wann wir in der Hütte ankommen, was ich für die Zukunft noch brauche ... (ich bin ein großer Zukunftsdenker). Stattdessen habe ich oft gar nichts gedacht, habe die Umgebung bewundert, einen Schritt nach dem anderen gesetzt und mich mit anderen unterhalten. Sorgenlos und frei wie ein kleines Kind. Wenn der Kopf so leer ist, wird man kreativ und kommt auf Gedanken, für die im Alltag gar keine Zeit ist. Wir haben uns neue (Quatsch-)Lieder ausgedacht, haben YouTube-Videos für den imaginären Account meines Bruders gedreht (den er auf „family plus" getauft hat nach dem gleichnamigen Plakat, das in dem Moment neben uns hing) und haben uns eine ganze Choreografie für ein Musikvideo ausgedacht, das später sogar gefilmt wurde ...

Seitdem weiß ich in einer ganz neuen Dimension, wie schön die Welt ist. Diese Aussichten und dieses Gefühl werde ich nie vergessen. Diesen Moment, wenn du an einem Morgen, wenn noch alles frisch und kühl ist, eine Murmeltierfamilie entdeckst, die den Hang hinunterkullert und Fangen spielt. Diesen Moment, wenn du an einen kleinen Wasserfall kommst – in der Mitte ein großer Stein, auf dem so viele Schmetterlinge sitzen, wie du sie in deinem ganzen Leben noch nicht gesehen hast. Diesen Moment, wenn du am Ende des Tages in einen Garten kommst und dort eine Karaffe mit eiskaltem Minzwasser und ein lieber Zettel auf dich warten. Wenn du am Abend frisch geduscht, satt und zufrieden aus dem Fenster schaust und die Sonne hinter den Bergen verschwinden siehst, den Mond aufgehen und ganz Belluno unter dir schlafen siehst. Oder wenn du eine Riesenheuschrecke entdeckst. Oder zum ersten Mal in deinem Leben einen Steinbock beobachtest. Oder von einer Kuh geküsst wirst. Es sind so viele Wunder passiert, ich kann sie gar nicht alle nennen. Und für jeden von uns sind es andere. Auf jeden Fall erinnere ich mich immer gern an diese Zeit, aber ich bin auch ein bisschen traurig, weil ich zurückmöchte. Die Alpen sind mir so ans Herz gewachsen, immer wenn Föhn herrscht und ich die Berge sehe, so als wären sie nur ein paar wenige Kilometer entfernt, dann fühle ich mich wie zu Hause. Das macht total glücklich.

Als ich nach Hause gekommen bin, war das Erste, was ich gedacht habe: Das ist der pure Luxus! Mein Kleiderschrank, von dem ich normalerweise denke, dass er viel zu leer ist, kam mir auf einmal riesengroß vor und mein Handy, das ich nicht mitgenommen hatte, unnötig. Was soll ich denn damit? war mein erster Gedanke als ich es wiederhatte. Ich habe nicht alles gleich in die Wäsche geschmissen, weil bei einigen Stücken die Wäsche im Waschsalon noch nicht so lange her war. Etwa eine Woche nach der Ankunft habe ich an meiner Wanderhose gerochen und das hat mich echt traurig gemacht. Diesen bestimmten Waschmittelgeruch, nach dem mein ganzer Rucksack roch, verbinde ich bis heute mit der Reise. Schon wenige Tage nach unserer Ankunft kam das Fernweh wieder. Ich denke, je öfter man auf Reisen ist, desto öfter hat man dieses Gefühl, dass man wegmuss. Obwohl das gar keinen Sinn macht. So ist es zumindest bei mir. Menschen, die immer nur zu Hause sind, haben wahrscheinlich auch kein Fernweh. Wieso kann nicht das ganze Leben nur aus einer großen München-Venedig-Wanderung bestehen? Ich habe mich auf der Tour öfter gefragt, wieso ich eigentlich nicht mein ganzes Leben lang wandern könnte. Wenn sich der Kommunismus irgendwann durchsetzt, müsste das ja kein Problem sein mit dem Geldverdienen (ich bin kein Politiker!). Ich kann aber natürlich auch mit Hartz 4 leben, die Mietkosten zum Beispiel würden *beim Wandern ja schon mal wegfallen. Okay, wahrscheinlich würde ich nicht mein ganzes Leben nur wandern wollen, ich wünsche mir nur oft, dass das Leben aufhört, so kompliziert zu sein. Und das ist beim Wandern nicht so. Wandern ist einfach und schön. Gehen ist nicht so kompliziert. Höchstens die Planung. Aber dafür hat man ja Eltern.*

Am schönsten fand ich die Natur und die Atmosphäre. Es gab aber auch Momente, in denen ich mir sehr gewünscht habe, meine Freunde bei mir zu haben oder allein zu sein. Die einzige Möglichkeit, allein zu sein, wenn man in der Gruppe geht, ist nämlich, sich entweder auf dem Klo einzusperren oder mit Abstand zur Gruppe zu wandern. Wenn man dann mal so einen Tag hat, wo einen alles nervt, kann diese Tatsache echt unpraktisch sein. Dieses Gefühl hatte ich glücklicherweise sehr selten, ich kann mich nur an zwei Situationen erinnern, wo es der Fall war. Einmal als Mama mir verboten hat, das Geröllfeld mit Sandalen runterzuspringen (haha, gerade merke ich, wie recht sie hatte) und das andere Mal, als ich einfach meine Freunde vermisst habe.

Mir kommt diese Wanderung im Nachhinein sehr einfach und nicht wie „etwas Großes" vor, auch wenn ich weiß, wie erschöpft ich fast immer am Ende des Tages war. Die Reise verflog wie nichts, eigentlich müsste man denken, dass Wandern langweilig ist und sich aufgrund der mangelnden Reizeinflüsse (ich konnte ja nicht mal meine Musik hören) die Zeit ziehen müsste wie sonst was. Fehlanzeige. Es gab immer was Neues zu entdecken, die Gesprächsthemen gingen nie aus und wenn doch, fingen wir an, unrealistische und fantastisch ausgeklügelte Zukunftspläne zu schmieden. Langeweile war nie das Problem.

Die schönsten Momente waren Sonnenaufgang, Sonnenuntergang und kleine, süße Tierchen. Und das Ankommen, wenn man denkt, man kann nicht mehr. Und natürlich, wenn man im letzten Moment, bevor man verhungert, was Ordentliches zu Essen kriegt. Und wenn man dann zufrieden im Bett liegt und es kaum erwartet, bis man endlich wieder aufstehen kann (also in der Schulzeit ist es eher andersrum, ehrlich gesagt). Okay, ich hatte vor, euch eine schönste Sache zu sagen, aber im Moment kann ich das nicht. Es sind zu viele. I'm sorry. Ich glaub, das klingt alles ziemlich kitschig, aber was soll ich denn machen, es ist nun mal die Wahrheit!

Nelly: *Was hat die Tour mit unserem Körper gemacht? Schon vor der großen Fernwanderung habe ich mich gefragt: Was werden die tägliche Dauerbelastung und die veränderten Essgewohnheiten mit unserem Körper anstellen? Nun, überraschenderweise hat die Waage zu Hause keine Veränderungen festgestellt. Die Hosen jedoch schon. Bereits während der Tour habe ich festgestellt, dass meine Shorts am Bund etwas lockerer als zu Beginn sitzen. Auch* *die Hosen zu Hause waren plötzlich ein Stück gewachsen. Als ich zu meiner Physiotherapeutin ging, um eine alte Zerrung behandeln zu lassen, meinte Marianne Martin, dass ich abgemagert aussähe. Mir wurde klar, dass mein Körper die Fettreserven, von denen ich von Natur aus wenig habe, in die Muskulatur umgesetzt hat. Leider hat er das auch im Gesicht gemacht und meine Wangen sahen etwas eingefallen aus, obwohl die Waage keine Veränderung zeigte. Aber im Alltag wurde bei mir schnell wieder das Gleichgewicht hergestellt. Mein Gesicht füllte sich mit Lipiden und die Hosen schrumpften zu einer passenden Größe zurück. Ich habe aber schon das Gefühl, dass die Muskelerinnerung noch andauert, denn auch nach längerer Pause können wir spontan und ohne Probleme eine 20-Kilometer-Strecke wandern.*

Die Fernwanderung hat bei uns unglaublich tiefe Spuren hinterlassen. Ich bin wahnsinnig froh und dankbar, dass wir sie mit unseren Kindern gemacht haben. Wir haben sehr viel voneinander lernen dürfen. Uns mit den eigenen Bedürfnissen zurücknehmen, uns den

Ängsten stellen, Bequemlichkeit überwinden, die Körperalarmzeichen rechtzeitig wahrnehmen, Spontanität walten lassen, den Kindern vertrauen, einen Schritt nach dem anderen setzen, ohne dabei an den nächsten Termin oder eine unbezahlte Rechnung zu denken ... und so vieles mehr. Zwar waren wir mit den Kindern unterwegs, aber in den meisten Momenten einfach nur Freunde ohne Hierarchie und ohne Befehle oder Erwartungen. Wir haben uns (Achtung Denglisch!) gegroundet, im wahrsten Sinne des Wortes, weil wir den Boden unter den Füßen teilweise auch schmerzlich zu spüren bekamen.

Wir haben uns erlebt in einer rauen und wunderschönen Umgebung, die alle Sinne von uns abverlangte. Diese reduzierte (da kein Multitasking nötig) und reizarme (da keine Ablenkung durch eingehende E-Mails, aufblinkende Nachrichten im Smartphone, bunte Werbung auf dem Hochhaus, überlaufende Milch auf dem Herd ...) Umgebung ermöglicht es erst, die Landschaft so reich und vielseitig aufzunehmen und sich selbst als ein Teil des Universums zu fühlen. Das schafft eine sehr wichtige Verbindung zu den Kindern, weil auch sie erfahren dürfen, was im Leben eigentlich wichtig ist. Und das haben auch die Kinder immer wieder selbst verdeutlicht: Wichtig ist, dass man gesund ist, dass man aufeinander aufpasst und der Natur keinen Schaden zufügt, denn sie ist so wunderschön und ein Teil von uns. Gerade bei dieser langen Tour haben die Kids viele Motive unserer Erziehung verstanden. Die Sorgen der Eltern sind meist begründet und die Folgen eines Fehlers besonders auf solch einer Wanderung äußerst unangenehm bis tödlich. Blindes Vertrauen ist manchmal wichtiger als detailliertes Erklären und Beantworten jeder Warum-Frage, wenn es heißt „Halt! Stop!", weil eines der Kinder gerade ein Hindernis auf seinem Weg übersieht und 30 Zentimeter rechts von ihm der Abhang Hunderte Meter in die Tiefe abfällt.

Gerade für unsere Teenagertochter war die Fernwanderung eine Art Bootcamp. Ganz nach der Devise: Back to Basics. Nagellack und Smartphone sind zu Hause geblieben, aber auch Lateinvokabeln und Freunde. Hier gab es keine Erwartungen an das Aussehen und auch die Schule hatte keinen Platz. Die Freunde mussten in den Eltern gesucht werden. Aber der kleine Bruder war dabei. Er eignete sich für Maya ziemlich gut als Best Buddy und ersetzte in den meisten Situationen ganz wunderbar die besten Freundinnen.

Maya und Liam hatten kein Problem, eine gemeinsame Sprache zu finden, und vertrauten einander in allem, was sie taten. Trotz ungleicher Schrittlänge gingen sie die meiste Zeit nebeneinander, wenn die Pfade es erlaubten. Sie stritten und versöhnten sich, sie sangen laut, tuschelten und erfanden eine eigene Sprache, sie schnitzten an dem Wanderstock oder verprügelten sich aus Spaß mit ihm. Klar, bis es wehtat und das Geschrei groß war. Nein, unsere Kids sind nicht perfekt und wir auch keine perfekten Eltern. Aber wir sind, so wie wir sind, perfekt aufeinander abgestimmt! Und zu diesem Finetuning hat vielleicht auch die Fernwanderung beigetragen, zumindest fühlt es sich so an. Wir als Eltern erlangten in den Augen unserer Kinder eine große Portion Glaubwürdigkeit und auf jeden Fall Coolness. Es gibt nicht viele Eltern, die mit ihren Kindern eine so lange Reise zu Fuß unternehmen würden. Und auch so manche Lehrer staunten nicht schlecht, als die Kinder nach den Ferien von ihren Sommererlebnissen berichteten. Liam kam damals in die fünfte Klasse, in eine andere Schule – mit einer großen Portion an neuem Selbstbewusstsein!

Die München-Venedig-Tour – Anpassungen

Es gibt mittlerweile eine Reihe von Wanderführern für die bekannte München-Venedig-Strecke. An dieser Stelle möchten wir basierend auf dem Rother-Wanderführer nur die Anpassungen beschreiben, die wir vorgenommen haben, um die Tour familiengerecht zu gestalten. Ziel der Anpassungen war primär, die als schwierig eingestuften Strecken zu umgehen und dadurch auch unabhängiger vom Wetter zu sein sowie ohne Klettersteigset auszukommen.

Alpenvorland

Die ersten beiden Etappen vom Marienplatz nach Wolfratshausen und weiter nach Bad Tölz haben wir auf drei Tage aufgeteilt. Von Marienplatz nach Icking, von Icking nach Bairawies und von Bairawies nach Bad Tölz.

Die Strecke Bad Tölz–Tutzinger Hütte haben wir etwas abgekürzt und sind anstatt über Lenggries eine sehr reizvolle Passage über Wackersberg, Beindl (Eis-Station) und die Hintere Längentalalm gegangen.

Kalkalpen, Karwendelgebirge

Um die Karwendelüberquerung über die Birkkarspitze zu entschärfen, wanderten wir von Hinterriß zur Falkenhütte. Von dort ging es dann über die Lamsenjochhütte nach Schwaz. Diese Etappe ist sehr ambitioniert, es wäre sicherer gewesen, sie auf zwei Tage aufzuteilen. Von Schwaz wanderten wir weiter über Wattens zu der Voldertalhütte, wo wir die originale Route wieder aufnahmen.

Zentralalpen

Von der Lizumer Hütte nach Hintertux und mit dem Bus zum Schlegeisspeicher, dann über das Pfitscherjoch-Haus nach Stein. Die Friesenbergscharte war somit umgangen. Von Stein nach Pfunders umgingen wir das Gliderschartl, indem wir an einer Kreuzung (46°56'55.6"N 11°32'19.5"E) den Pfitscher Bach überquerten und auf einem Weg, der gern auch von Mountainbikern genutzt wird, nach Pfunders gelangten.

Nördliche Dolomiten

Um die Nives-Scharte und auch die Sella-Gruppe zu meiden, sind wir von der Schlüterhütte über die Roascharte zur Regensburger Hütte gewandert und weiter nach Wolkenstein. Von dort ging es übers Sellajoch zum Passo Pordoi, wo man wieder auf die originale Route trifft.

Südliche Dolomiten

Um die Schiara-Überschreitung und den damit verbundenen Klettersteig zu vermeiden, stiegen wir über das Rifugio Furio Bianchet zur Bushaltestelle ab und nahmen den Bus nach Belluno.

Anhang

Wie packe ich den Rucksack?

Körpergewicht	Rucksackgewicht bezogen auf das Körpergewicht		
	10%	15%	20%
30kg	3-4	4-5	6-7
40kg	4-5	5-6	7-9
50kg	5-6	7-8	9-11
60kg	6-7	8-10	11-13
70kg	7-8	9-11	12-16
80kg	8-9	10-13	14-18
	Gut gemacht!	Könnte besser sein	Da muss ich noch mal ran!

Die Angaben in der Tabelle sind als Orientierungshilfe gedacht. Wenn man es schafft, im Bereich von etwa zehn Prozent des eigenen Körpergewichts zu bleiben, wäre das optimal. In welchem Wandergebiet man unterwegs ist und zu welcher Jahreszeit, die Erfahrung der Teilnehmer und das Ausrüstungsbudget, all das spielt eine Rolle. Auch kann der Rucksack selbst schon einige Kilos auf die Waage bringen. Die Erfahrungswerte und Berechnungen sind auf Übernachtungen in Hütten oder B&B ausgerichtet, in denen man ein Dach über dem Kopf hat, sowie Betten, Decken und Verpflegung zur Verfügung stehen.

Ausgehend von einer vierköpfigen Familie mit zwei Kindern wird sich das Gewicht auf vier Rucksäcke verteilen.

Beispiel:
Papa wiegt: 75 kg
Mama wiegt: 60 kg
1.Kind wiegt: 40 kg
2.Kind wiegt: 30 kg
   75+60+40+30=205kg, 205x10%=20,5kg

Diese Familie hätte also 20 bis 25 Kilogramm mitnehmen können, um noch im optimalen grünen Bereich, das heißt „Wandern und nicht Schleppen", zu bleiben. Üblicherweise hätten
Papa und Mama das Allgemeingut unter sich aufgeteilt und die
Kinder nur ihre Anziehsachen und Kulturtäschchen eingepackt.

Alles wird auf die Waage gelegt, dann sucht man nach leichteren Alternativen. Tabletten und Pulver sind leichter als die Sub-
stanz in flüssiger Form – so zum Beispiel Zahnputztabletten, die
für die ganze Reise abgezählt werden können. Man lässt die
Originalverpackung zu Hause und füllt die nötigen Mengen in
leichtere Tütchen oder Gefäße. Salbenkruken mit Schraubver-
schluss aus der Apotheke sind sehr gut geeignet, um Gewicht
zu sparen. Insgesamt kommt man als Familie auf über 200 Ge-
genstände und auch wenn es manchmal nur 20 bis 30 Gramm
sind, die man einspart, summiert sich das schnell zu einigen Kilos. Während der Wanderung kommen noch zwei bis drei Kilo
an Proviant und Wasser dazu. Wenn man es nicht schafft, bei
Packen im grünen Bereich zu bleiben – wenigstens die Kinder
sollten einen leichten Rucksack haben!

Die körperlichen und Sicherheitsbedürfnisse stehen bei der Planung immer an erster Stelle, vor allem wenn man mit Kindern
unterwegs ist. Und da kommt schon das Dilemma für die Eltern: Packe ich noch einen Zusatzpullover, eine warme Hose
und eine zweite Jacke ein? Da hilft es nur, durch Wanderungen

und Ausflüge Erfahrungen zu sammeln, um zu lernen, die eigenen Bedürfnisse und die der Kinder einzuschätzen, um Kleidung und Ausrüstung zu testen und um das Übernachten in der Hütte oder im Zelt zu üben. Denn wenn man nie einen Tag im Regen unterwegs war, nie Kälte, Wind und Hitze getrotzt hat, wird man entweder unrealistische Ängste entwickeln oder die Situationen unterschätzen.

Bei einer Fernwanderung ist es empfehlenswert, nach fünf bis sechs Tagen eine Ortschaft mit Postamt und Sport- oder Outdoorläden anzusteuern. Bis dahin wird man sicherlich Ideen

haben, was man ganz beruhigt mit der Post nach Hause schicken kann und was noch dazugekauft werden muss. Das gilt auch bei den Übergängen in andere Klima- beziehungsweise geografische Zonen. Auf diese Weise müssen Sie die Kleidung und Ausrüstung, die Sie im Gebirge benötigten, nicht im Flachland mitschleppen.

Das muss in den Rucksack – Eine Packliste

		Papa	Mam	Kind	Kind
Apotheke	Verbandzeug				
	Activkohle/Perenterol-Pulver				
	Desinfektionsmittel				
	Moosgummi				
	Pflaster, Blasenpflaster, Leuko-por				
	Schmerzmittel (Ibuprofen)				
	Sicherheitsnadeln				
	Zeckenzange				
	NaCl-Ampullen (um Wunden, Augen zu spülen)				
	Hametum-Salbe				
	Sonnencreme 30				
	Hirschtalg				
Ausrüstung	Apotheke	✓			
	Biwaksack (Bivy super Light)	✓	✓		
	Bauchtasche	✓			
	Systemkamera	✓			
	Lange Schnur (Wäscheleine)	✓			
	Nikwax für die Wanderschuhe	✓			
	Notizbuch und Stift	✓	✓	✓	✓
	Notmobiltelefon (aufgeladen und wasserdicht verpackt)	✓			
	Plastikschüssel fest verschlie-ßbar, 1 l	✓			
	Plastiklöffel	✓	✓	✓	✓
	Plastiktüten, 2 x	✓	✓	✓	✓

	Schweizer Messer	✓			
	Smartphone/Navigations-App	✓	✓		
	Stirnlampe	✓			
	Armbanduhr mit Wecker		✓		
	Ultraleichter Rucksack, 75g (zum Einkaufen etc.)	✓			
	USB-Schnellladegerät	✓			
	Kartenausdrucke auf Folie (für schwierig zu navigieren-den Etappen)	✓			
	Ersatzschnürsenkel	✓			
	Klopapier	✓	✓		
	Sonnenbrille	✓	✓	✓	✓
	Teleskopstöcke	✓	✓		
	Trillerpfeife	✓	✓	✓	✓
	Trinkflaschen, 2 x 0,5 l	✓	✓	✓	✓
Dokumente	Alpenvereinsausweis	✓	✓	✓	✓
	Ausweis	✓	✓	✓	✓
	Führerschein	✓	✓		
	Krankenkassenkarte	✓	✓	✓	✓
	Kreditkarte/EC-Karte	✓	✓		
Kleidung	Wanderhose, kurz	✓	✓	✓	✓
	Wanderhose, lang	✓	✓	✓	✓
	Wanderhemd	✓	✓		
	Langarmshirt, Merino	✓	✓	✓	✓
	Kurzarmshirt, Merino	✓	✓	✓	✓
	Käppi/Hut	✓	✓	✓	✓
	Unterwäsche, 3 x	✓	✓	✓	✓
	Bikini		✓		✓
	Badehose	✓		✓	
	Multifunktionstuch	✓	✓	✓	✓

	1 Paar Socken, Merino	✓	✓	✓	✓
	1 Paar Socken, Wrightsock	✓	✓	✓	✓
	Wandersandalen	✓	✓	✓	✓
	Wanderschuhe	✓	✓	✓	✓
Warme Kleidung	Fleecehandschuhe	✓	✓	✓	✓
	Lange Unterhose/Leggins		✓	✓	
	Fleecejacke	✓	✓	✓	✓
	Fleecemütze mit Windstopp	✓	✓	✓	✓
Regenklei-dung	Regenhose	✓	✓	✓	✓
	Regenjacke	✓	✓	✓	✓
	Regenhülle für den Rucksack	✓	✓	✓	✓
Kultur-tasche	Hüttenschlafsack (Seide)	✓	✓	✓	✓
	Ohrenstöpsel	✓	✓	✓	✓
	Schlafshorts/Shirt	✓	✓	✓	✓
	Haarbürste		✓		✓
	Handtuch, Microfaser	✓	✓	✓	✓
	Mini-LED-Leuchte	✓	✓	✓	✓
	Nagelschere		✓		
	Rasierhobel	✓			
	Seife (Stück)	✓	✓	✓	✓
	Zahnbürste	✓	✓	✓	✓
	Zahnputztabletten	✓	✓	✓	✓
	Zahnseide	✓	✓	✓	✓

Fishermen's Trail

Die Strecke München-Venedig zu Fuß zurückzulegen, hat etwas Angeberisches im positiven Sinne. Es klingt einfach eindrucksvoll, wenn man es jemandem erzählt. Dafür muss man den Süden von München (was noch okay ist) und die Piave-Ebene mitsamt Industriegebieten und Verkehrsstraßen (gar nicht angenehm) durchwandern. Wer auf den München-Venedig-Ritterschlag verzichten kann, startet von Bad Tölz und endet in Belluno. Und erspart sich die flachen, mühsamen und langweiligen Kilometer. Vielleicht aber sind es genau diese mühsamen und schmerzvollen Etappen, die das Erlebnis vollkommen machen.

Aus erzählerischen Gründen fokussiert sich dieses Buch auf die München-Venedig-Strecke. Die dargestellten Erfahrungen und Empfehlungen wurden jedoch durch andere Wanderungen angereichert und ergänzt. Eine davon möchte ich besonders hervorheben: den Fishermen's Trail in Portugal – die Rota Vicentina.

Der Fishermen's Trail ist eine traumhaft schöne, 230 Kilometer lange Küstenroute. Die Etappen sind sehr gut beschrieben und ausgeschildert. Unterkünfte reichlich vorhanden. Das Angenehme am Fishermen's Trail ist, dass die Strecke sich beliebig stückeln lässt. Es gibt eine regelmäßige Busverbindung von Lissabon entlang der Küste nach Süden. Sie verläuft mehr oder weniger entlang des Trails, außerdem besteht fast überall die Möglichkeit, ein Taxi zu rufen. Die Tatsache, dass man jederzeit die Wanderung abbrechen und zum Arzt oder ins Krankenhaus fahren kann, gibt Eltern ein extra Sicherheitsgefühl.

Die Herausforderungen sind andere als in den Alpen. Es ist die Hitze, der Wind oder der steife Nacken, denn beim Gehen kann man nicht aufhören, seitlich auf die wunderschöne Küste und das Meer zu blicken. Da die Wanderstrecke oft wortwörtlich im Sande verläuft, ist die Schuhwahl keine leichte Aufgabe.

Wir haben den Fishermen's mit einem Stadturlaub verbunden und uns zuerst drei Tage lang Lissabon angeschaut. Die Anziehsachen, die für den Trail nicht bestimmt waren, haben wir in unserer Lissabonner Unterkunft gelassen. Unterwegs hat unser Sohn Liam Fieber bekommen und wir mussten zwei Tage lang improvisieren. Abwechselnd ist ein Elternteil mit ihm zur nächsten Unterkunft mit dem Taxi gefahren, während Maya mit dem jeweils anderen Elternteil die Wanderetappe voll genießen durfte. Nach zwei Pausentagen war Liam wieder gut drauf und wir konnten die Wanderung vollzählig fortsetzen. Vor dem Rückflug sind wir dann nur noch eine Nacht in Lissabon geblieben.

Das war einer dieser unvergesslichen Urlaube und eine unbeschreibliche Abwechselung für unsere berggewohnten Sinne.

Nur wo du zu Fuß warst, bist du wirklich gewesen.